やりたいことを全部やる!
時間術

臼井由妃

日経ビジネス人文庫

はじめに◎時間を支配して、やりたいことを全部やる

「時間がないから、新しいことにチャレンジする余裕がない」
「時間がないから、ゆっくりとくつろげない」
「時間がないから、好きな趣味を楽しむことができない」
「時間がないから、人づき合いが疎《おろそ》かになる」

このように「時間がない」という理由で仕事やプライベートが思うようにならず、悩まれている方は世の中に大勢いらっしゃいます。そして、時間さえあればもっとやりたいことができるのに、とおっしゃる方も多いもの。

しかし、こうした考え方に私は違和感を覚えます。この方たちは本当に時間がないから、やりたいことができないのでしょうか。

私は、「時間がないから、〇〇できない」というのは言い訳に過ぎないと思うのです。

なぜなら、世の中には、人一倍多くの仕事に積極的に取り組み、人一倍プライベートでも多彩な趣味を楽しみ、人一倍人づき合いを大切にしている方が数多くいるからです。私の周囲にもこうした方は多く存在します。

この方たちにももちろん、1日は24時間という同じ条件しか与えられていません。それなのにどうして、いろいろなことができるのでしょう。

私は、前者の方々を時間貧乏、後者の方々を時間リッチと呼んでいますが、この差はどこにあるのでしょうか。

●どんなに忙しくてもやりたいことは全部やる！

実は私も、かつては時間貧乏でした。

33歳のときに、それまで専業主婦だった私が、病気の主人に代わり、突如社長を任されることになったのですが、当時はビジネスの右も左もわからぬ素人でした。

とりあえず目の前にある会社の借金を何とかしなくてはいけない。刻一刻と増え続ける利息を支払うために、金融機関と会社を往復し、新商品の開発や新規営業にかけずり回る。

まさに時間に追われる日々を送っていました。

「時間がない」が口グセで、本当にやりたいことすら、見出せない。苦痛の日々を過ごしていました。「忙しい」という漢字は「心」を「亡くす」と書きますが、そんな状況で「時間貧乏の典型」でした。

そんな生活が3年ほど続いた頃、運よく私が発明した商品が大ヒットしました。そして社長業の忙しさが最高潮に達したとき、私にはどうしても挑戦したいことができました。それは、仕事に関連する資格の取得です。

動機は2つ。

1つは、健康器具を販売する自社の今後の商品開発に役立つから。もう1つは、世間から「素人のまぐれ当たり」といわれるのを見返したかったからです。

もっとも、商品が売れるほど社長業が忙しくなりますから、勉強をする時間なんてとれません。「時間がないから資格取得の勉強なんてできない」という状態です。でも私は、どうしても資格を取得したかった。

だから「やればできる！」と決意し、何とか時間をやりくりしました。そして短期間で目標の資格を取得することができました。

もちろんこの間、本業に悪影響を及ぼすようなことは一切ありませんでした。むしろ年商を2桁成長させたくらいです。

人が何かをやりたいとき、時間がそれを拒絶することはない。

私はそのことを、痛切に実感しました。

●時間を支配できると、ゆとりとお金がついてくる

私はその後も社長業の傍ら、宅建、行政書士と、次々にビジネス系の資格を取得し、その間、テレビや雑誌の取材も多く受けるようになりました。書籍の執筆は年数冊のペースで引き受けるようになり、経営コンサルタントや講演、セミナーの講師と、仕事の幅も広がっていきました。

そんなにやることが増えたらさぞ忙しくて毎日が大変だろう。ゆとりのない、睡眠不足の日々を過ごしているだろう。遊びも我慢してあくせくしているだろう。

そんな時間貧乏の私を想像された方——とんでもない、まったくそんなことはあり

ません。

毎日しっかり7時間の睡眠をとり、心身共にリフレッシュする時間も十分ありま
す。新しく趣味や習い事も始め、心躍る毎日を過ごしています。

もちろん本業もしっかりやっています。ビジネスの世界に飛び込んで以来、ずっと
健康で仕事の依頼が途切れたことはありません。スケジュール帳には3年先まで予定
が詰まっています。

やりたいことが全部できて、心とお金のゆとりもついてくる。

ちょっと自慢めいた話で恐縮ですが、これが今の私なのです。

どうしてそんなことが可能なのか？

いったいどうすればいいのか？

その答えが、本書にはあります。

本書は、時間術、仕事術の先駆的一冊とご評価いただき、多くの方に読んでいただいた『1週間は金曜日から始めなさい』を時代に合わせて大幅に加筆し、再構成。いつも手元に置いて読んでいただけるように、文庫化したものです。

今、私はスマホやSNS、メールなどデジタルツールの普及で「時間貧乏」が増えている風潮に、危機感を抱いています。

そんな中でも、あなたにはやりたいことが全部できて、心とお金にゆとりがついてくる「時間リッチ」になってほしいのです。

やりたいことを全部やる!
やりたいことが全部できる!

年月を経ても、その本質に変わりはありません。

本書でご紹介するのは、私が自らの体験から学び、今も実践している時間の使い方です。いずれも難しいノウハウではありません。学校では赤点だらけ、30歳を過ぎるまでビジネス書を1冊も読んだことがなかった私にもできるのですから、皆さんにできないはずがありません。

本書を読んで皆さんが「時間貧乏の生活」から抜け出し、少しでも「時間リッチ」に近づかれることを願ってやみません。

2018年9月

臼井　由妃

やりたいことを全部やる！時間術　もくじ

第1章 タイムマネジメントの基本は時間密度

できる人は、時間をケチるのではなく濃くする

第2章 時間は支配したほうのものになる

人づき合い&コミュニケーションひとつでこれだけ時間の差が出る

第5章 考えるのは15分でやめなさい

仕事が速い人の考え方&発想法

第6章 頭がフル回転なら、時間効率はグンとよくなる！

密度の高い時間を過ごすための自分プロデュース術

第7章 時間を上手に使う人のちょっとした工夫

仕事の速い人が実践する大きな時間を生む小さな習慣

本文設計・DTP――ホリウチミホ（nixinc）

第1章

タイムマネジメントの基本は時間密度

できる人は、時間をケチるのではなく濃くする

時間は「引き算」ではなく「足し算」で考える

「よくこんなに、いろんなことができますね」

私の経歴を聞いた方から、よくいわれた言葉です。

・2つの会社を経営して
・年間60回以上の講演をこなして
・年間3冊以上の書籍を執筆して
・毎年1つのペースで国家資格などを取得して
・テレビや雑誌の取材をこなして

主人が亡くなるまでは、主婦業もやっていました。

こんなにいろいろなことを一度にやれるなんてスーパー才女に違いない、と思われた方。残念ながら、自分でいうのもなんですが凡才です。それに、33歳で主人から事業を任されるまでは、ビジネス書を1冊も読んだことがないような人間でした。

そんな私が、どうして傍から見ると「同じ24時間しかないとは思えない」ほど、いろんなことにチャレンジできているのでしょうか。

本書では「臼井流タイムマネジメント」についてタップリとご紹介させていただきますが、最初に、大きな誤解を解くことから始めます。

いつも「時間がない」と嘆く時間貧乏の多くの方が、誤解していること。それは「やることがたくさんあるから、時間が足りない」、あるいは「やることを減らせば、時間は増える」と考えていることです。

「仕事が忙しいから、資格を取るための勉強なんてできない」
「家事と育児で手いっぱいだから、趣味に時間を割くなんてあり得ない」
「今でさえ時間がなくて大変なのに、これ以上することを増やしてどうするんだ」

本書をお読みの読者の方も、一度はこんなセリフを口にしたことがあるのではないですか？　そして「何かをやりたい」けれど「時間がないからあきらめる」、あるいは「何かをやる」ために「今やっている何かをやめる」という決断をされているのではないでしょうか。

これは一見、理にかなっているように見えます。そして「何かをやらない」「何かをやめる」ときの、格好の言い訳として重宝されます。

ここが大きな誤解です。こういう考えをしている間は、いつまでたっても時間はあなたの自由にはなりません。

結論からいいましょう。

「時間がないから○○ができない」「△△をやめれば□□をする時間ができる」という「引き算の発想」は、タイムマネジメントにおいてはキッパリと捨ててください。

そして「あれをやるなら、これをやらない」という「あれか、これか」の考え方ではなく、「あれも、これも」という「足し算の発想」に切り替えるようにしてください。

これが、時間貧乏から時間リッチに変わるための大原則です。

嘘だ！「あれも、これも」なんて考え方をすれば、全部中途半端になる！

そういう反論も聞こえてきそうですね。でも一度冷静になって、周りを見渡してください。そして、あなたが「あの人は仕事ができる」という人を探してみてください。その人たちは、時間がないからといって、新しい仕事を断っていますか？ 毎日残業が続くから自分の好きなこともできない、とグチをこぼしていますか？

きっとそうではないでしょう。新しいこと、自分のやりたいことに、積極的にチャレンジしているはずです。そう「あれも、これも」と時間を足し算の発想で考える人です。

そして「時間がない」「好きなこともできない」とグチをこぼしているのは、むしろ「あれか、これか」と、引き算の発想で時間を考えている人ではないでしょうか。

なぜこのような逆転現象が起こるのか。それにはいくつかの理由がありますので、これから詳しくお話ししていくことにしましょう。これらを理解していただければ、それだけであなたは、大きく時間リッチに近づくことになるでしょう。

「あれか、これか」ではなく「あれも、これも」でうまくいく。

量を増やすより密度を高めるのがコツ

人には平等に24時間という限られた時間しかありません。これはどうやっても動かせない事実です。でも、1時間の時間密度を2～3倍にすることができれば、同じ24時間の中で人より2～3倍のことができるようになります。

「あれも、これも」という足し算の発想が、時間リッチにつながる第一の理由は「あれも、これもやることによって、時間密度が高まる」からです。

私は自分が見聞きしたことや経験したことを多くの人に伝えたいので、講演や執筆活動には積極的に取り組んでいます。できるだけ多くの人に生の声をお伝えしたいから、地方にもよく出張して講演させていただきます。

でも、だからといって他の仕事を疎かにすることはありません。講演や執筆と社長業をキチンと両立させるために、その方法を必死で考え、実践してきたからです。

「社内の業務をいかに円滑に進めるか」
「講演の内容をいつ考えるか」
「原稿をいかに短時間で執筆するか」

同じ時間の中でこれまで以上の仕事量を、同じクオリティでやるために、必死で知恵を絞り、試行錯誤を重ねました。そう、「どうすれば時間密度が高くなるのか」を真剣に追求し続けたのです。だからこそ今、いろんなことが一度にできるのです。

また、時間を効率よく使うことを必死で考えて実践すると、自分の中に時間活用のノウハウが蓄積されます。そして、少し大げさにいえば「やることが増えたからこそ、他の業務の取り組みがより効率化される」ことになります。これが「仕事密度が高まる」「時間密度が高まる」ということです。

昔から「忙しい人に仕事を頼め」といわれますが、理屈はこれと同じ。多忙だからこそ、時間を効率よく使う知恵も生まれてくるのです。できるだけ仕事を減らす引き算の発想だと、こういう知恵は生まれません。

だから私は「仕事は絶対に断りません」と、事あるごとに宣言しています。

仕事の量をこなすことが、仕事の質を高めることになり、さらにレベルの高い仕事をこなせるようになる。さらに時間を効率的に使えるようになる＝「時間密度が高まる」と確信しているからです。

ところで、「そうはいっても、仕事は量より質が大切。まずは1つの仕事を、時間をかけて丁寧にやるべきだ」という人もいます。確かに、仕事には一定のクオリティが求められます。でも、時間をタップリとかければ仕事の質が高まるというのは幻想。

かけた時間と仕事の質は、必ずしも比例するわけではありません。

まずは多くの量を決められた期限内に確実にこなす訓練をし、生産性を高めることで、初めて仕事の質も高まるのではないでしょうか？

量をこなすと質がついてくる。

お金と時間はケチらない

マネー雑誌を読んでいて、こんな記事を見かけたことはありませんか？

主婦の○○さんは節約の名人。テレビを見ないときはコンセントから抜き、買い物はチラシを徹底的に比較してから、開店前に並んで特売品をゲット。

ライフスタイルは人それぞれですし、節約することは、それ自体は大変けっこうなことだと思います。でも、もしこの主婦の目的が「たくさんお金が欲しい」であれば、私は「節約でお金をケチるより、働いたり資産運用をしてお金を殖やしなさい」というでしょう。チマチマとした節約術ではお金を殖やすことはできない。むしろ手間と時間を考えると「マイナス」にさえなりかねないからです。

さて、冒頭からなぜお金の節約の話をしたのか。それは、時間管理の本を読んだ方の多くが、これと同じような落とし穴にはまっているケースが多いからです。

「ラジオの語学講座を聴きながらスマホをチェックして食事をする」

時間管理の本には、必ずといっていいほどこの手の「○○をしながら○○をして○○をやり遂げました」といった話が登場します。一見、時間を賢く使っているように思えます。やっている本人は「時間密度が高い」と錯覚するかもしれません。

でも本当にそうでしょうか。スマホをチェックしながら食事をとり、ラジオの語学講座を聴くといったことでは、少なくとも語学はほとんど身につかないはずです。

これは先ほどの「節約」と同じで、行為そのものに満足しているだけで、目的に対して結果が伴わない「ケチな時間の使い方」にほかなりません。

賢い時間の使い方というと、時間を節約することばかりにとらわれがちになります。何かをしながら別のことをするといった「ながら族的時間活用術」は、いまだにまかり通っています。これを否定するわけではありませんが、用法を誤ると、大した成果は期待できません。それどころか、見せかけだけの時間の節約は、時間の使い方が下手な人間をつくり、無駄ばかりの「時間貧乏」を生みます。お金を貯めることばかりに気をとられ、お金を稼ぐこと、殖やすことを忘れてしまうのと同じです。「ケチな時間の使い方をする人に成功者はいない」と私は思います。だから私は、時間の無駄をなくすことばかりに気をとられません。ある時間の中に、2つも3つもの行為を詰め込むことが「時間密度を高める」ということにはならないのです。

では、私ならどうやって時間密度を高めるのか。

「ある行為に、2つも3つもの意味を持たせる」

「1つの行為を、いくつかの目的のために利用する」

このように、時間を節約する方法より、時間をより活かす「1粒で何度もおいしい」方法を考えるのです。

具体的には、こういうことです。私は宅建の資格を持っています。この資格は「自社ビルを持ちたい」という目的を達成するために取得しました。でも試験勉強をする際には、私は「せっかく宅建の勉強をするのなら、いずれは不動産賃貸業や不動産関係の講演・執筆もできるようになりたい」と考えていました。

こう考えると、同じ勉強をするにしても、得られる成果は2倍になります。となると、勉強のやる気もいっそう湧いてきます。事実私は、わずか1カ月の勉強で宅建の資格を無事取得し、資格を活かして好条件でビルを購入し、不動産賃貸業や不動産関係の本の執筆まで仕事の幅を広げることができました。

これが、時間密度を高くする、ということです。

また、私は地方の講演にも積極的に足を運ぶのですが、ただ行って帰るということはしません。経営コンサルタントも生業としているので、できるだけ現場・現地の生の声を知っておく必要があります。ですから、訪問した地方では、必ず地元のデパートを物色し、タクシーの運転手さんに話を聞くようにしています。これだけで、その地方の景気や住民の特性が、どんな記事や書籍を読むよりもよくわかります。

もちろん、そこで得た情報が役に立つ講演が毎回すぐにあるわけではないのですが、ご当地で勢いのあるお店や人気のショップ・食べ物屋さんの話は、ブログやメルマガのネタとして翌日にも使えます。ここで、整理してみます。

①地方の講演に、何の計画も準備もなく、ただ行って帰ってくる

⬇時間のロスが大きい（時間を無駄遣いしている）

②地方の講演に行き、往復の新幹線での移動時間を、原稿執筆などの時間にあてる
⬇時間を無駄なく使っている（時間を節約している）

③地方の講演に行き、その際に地元の情報を仕入れて将来のコンサルティングに役立て、同時に東京では拾えないメルマガやブログのネタを集めて帰ってくる
⬇時間を有効に使っている（時間密度を高めている）

あなたは今、①〜③のどこにいますか？　①の人はもちろん、②の人も「時間を無駄なく使っているよ」と安心するのではなく、「時間を有効に使っているよ」といえる③のレベルまで、考え方を高めるようにしてください。

1粒で2度とはいわず、3度も4度もおいしい状況をつくり出そう。

忙しいときに勉強をすると、心のゆとりが生まれる

行政書士。宅建。栄養士……。

私は、これらの資格を、経営者業や学業と並行して取得しました。その私の経験から1つ、皆さんにとっておきのことをお教えしましょう。

忙しいときに勉強をすると、心のゆとりが生まれます。

え、逆じゃない？　忙しいときに資格試験の勉強を始めるなんて、それこそさらに時間に追われる生活になって、心のゆとりがなくなるんじゃない？

実は私も、かつてはそう思っていました。でも違ったのです。ゆとりがなくなるどころか、精神的にすごく安心できるようになるのです。

私が初めて国家試験に挑戦したのは、経営者としての業務が猛烈に忙しいときでした。毎日仕事に追われ、試験勉強のために時間をつくることなんて到底無理だとあきらめかけていました。勉強はしたいけれど、時間がないからできないと、半ば投げやりになっていました。

でも、「時間がないからできないなんていっていては、いつまでたってもできないぞ」と考えを切り替え、思い切って資格の勉強を始めてみたのです。

するとどうなったか。

自分でもわかるくらい、心にゆとりが生まれました。

そんなこと信じられない、という人のためにタネ明かしをしましょう。なぜ心にゆとりが生まれるのか？　それは勉強する＝自分のやりたいことに時間を使うことによって、〝時間に支配される立場から、時間を支配する立場に変わる〟からです。

人は誰でも毎日、仕事や家庭で忙しくしていると、知らず知らずのうちに、自分のための時間が削られていくものです。たとえ「仕事が楽しい」「責任はあって大変だけど充実している」という人でも、自分のための時間がなくなるにつれ、少しずつ心に余裕がなくなり、ストレスに押しつぶされていきます。

そんな忙しい人に、私は勉強をするようにすすめています。

勉強をする時間というのは、自分のために費やす時間です。そして「自分のために時間を使っている」という事実は、「私は時間の奴隷にはなっていない。私が時間を支配している」という気持ちを生み、忙しさの中で失いかけている心の余裕を取り戻すことができるのです。

忙しい中で勉強を始めると、余計に忙しくなって余裕がなくなるというのは大きな誤解です。

どんなに時間に追われていようとも、自分が本当にやりたいことをやることが、精神的なゆとりを生むことにつながるのです。

ところで、多くの方は何かをするときにまず「そのための時間をつくらなければ」と考えます。これがそもそも大きな誤解です。この発想がある限り、いつまでたっても何もできないのです。

仕事の予定が詰まっていたり、退社後や休日も人に会わなければいけないような毎日が続いていると、新しいことを始める時間などないと感じるのが普通です。

でも実は、人が何かを始めようとして、時間がそれを否定することは決してないのです。

「いつか時間がとれたら」

「自由になる自分の時間があったら」

こう考えていくら待っていても、時間は増えません。そのうちに手をつけよう、いつか始めようと先延ばしにしていたら、永遠にやれないままなのです。

私たちが手にすることができるのは、現在ある時間だけです。

「いつまでも、あると思うな時間と命」

時間も命も絶対的な期限があるから、今できることはさっさとすませる。やりたいことは積極的にやってしまう。これが時間リッチになるための鉄則です。

先延ばしにする人は、自分の時間をドンドン減らし、命を縮めているのと同じです。

時間に使われるとゆとりがなくなり、時間を使うとゆとりが出てくる。

人に会う時間を減らして、時間リッチになることはできない

タイムマネジメントをする上で、絶対にしてはならないことがあります。それは「時間がないから、人と会う回数を減らす」ということです。

「面白そうな異業種交流会があるけど、仕事が忙しいからキャンセルしよう」

「世話になった人のパーティがあるけど、今は特に話すこともないからお断りしよう」

このように、「時間がないから」「時間がもったいないから」と、人づき合いを疎かにしてしまう人がいます。あるいは、仕事に役立つ人でないから、自分に利益がないからと、初めから会う人に見切りをつける人もいます。

もしあなたが本気で時間リッチになりたいなら、時間の無駄を省くことばかりに気をとられ、人づき合いを粗末に考えないことです。それこそ、足し算の発想で「今週

はたくさんの人に会って忙しいな。よし、この調子で今週あと5人に会うぞ！」くらいの考え方に切り替えてください。そして、次のことを忘れないようにしてください。

チャンスも時間もお金も、結局は人が運んでくる。

勢いのある起業家や経営者の方は、どんなに忙しくなっても、人との出会いを疎かにしません。時間をやりくりして、常に新しい出会いを求め、それを大切にします。彼らは、人に会うことに時間を費やすメリットを、よく知っているのです。

私も、人と会う時間は何より一番大切にしています。

というのも、世の中には人と会うことでしか得られない、得がたい経験や知識が数多くあるからです。

たとえば私が資格の学校に通っていたときには、20代の同級生に大いに刺激されました。若い人との出会いは、新たな刺激をもたらし、新たな経験が私をワクワクドキドキさせてくれました。ファッションもカジュアルになったり、明るい色の服を好むようになったと随分いわれました。

こういった経験は、新しい人との出会いからしか生まれません。特に年齢や業種が異なる人がもたらす情報からは、新しい気づきを得ることができます。この資格の学校での体験は、その後の新商品の企画や販売方法などを決めるときに、すごく役に立ちました。

こういった気づきは、何時間も本を読んだりインターネットを検索したりしても、決して手に入れることはできません。

見せかけの時間の節約に気をとられ、人との出会いや人づき合いを粗末にする人は、永久に時間貧乏のままでしょう。たとえ時間を節約できたとしても、人との出会いが少ない人の時間密度が高いはずはない、と私は思います。

何事にも時間の無駄を省くことを心がけている私ですが、どんなに忙しくなっても、人との出会いを省くことだけはしません。それこそ、足し算の発想で、忙しいときにこそあえて人との面会を増やすくらいにしています。

それが結果的に時間密度を高めることになると、知っているからです。

と、ここでこの話を終えたいところなのですが、正直なところもお話ししておきましょう。それは、私とて誰彼構わず全員にお会いしているわけではないということです。

まず現実問題として四六時中、絶え間なく人と会うことはできません。そしてもう一歩話を進めると、新しい出会いや人づき合いにもできる限度があるので、会う人、会わない人を選別する必要があるということです。

時間密度を高めてくれる人もいれば、時間密度を下げてしまう人もいる。

これは、偽らざる本音です。

人と人とが出会えば、必ず何かが生まれると信じている私ですが、それでも誰に会うか会わないかは、将来プラスになるか否かを考えた上で判断しています。そして自分のキーパーソンになる人と優先的にお会いするようにしているのです。

時間を人に投資すると、リターンが大きい。

時間密度を高めてくれる人、下げてしまう人

時間密度を高めてくれる人、時間密度を下げてしまう人について、もう少し説明しましょう。

時間密度を高めてくれる人とは、あなたにはない知恵や知識を持ち、教えを乞えば喜んで応えてくれる人です。

そういう人と親しくなれば、あなたが仕事に行き詰まっているときには貴重なアドバイスをしてくれますし、忙しさに閉口しているときには、業務の一端を担ってくれるに違いありません。そう、この人たちは、シンクタンクのような存在です。

私にとっては、

・パソコンをはじめデジタル機器に詳しい人（私の苦手分野のサポート役）

・弁護士（ビジネスパーソンとしての経験があり、フットワークも軽く相談に乗ってくれる）
・出版業界のオーソリティ（編集、営業、販促まで知識と経験豊富な、著作面のアドバイザー）
・税理士（公私にわたる税務だけでなく、金融機関とのつき合い方など、お金まわりの諸問題の相談役）
・信頼できるご近所さん（家事や愛犬の世話などもやってくださる、家を空けることが多い私のお助けウーマン）
・力仕事や単純作業など気軽に頼める28歳の友人（多忙を極めているときの救世主）
たちがそうです。この方たちがいるおかげで、私は著作や講演、マスコミ出演、コンサルタントなど多岐にわたる仕事をさせていただけるのです。

一方、時間密度を下げてしまうのは、「○○してくれたら△△してあげる」などと交換条件を提示して近づいてくる人や、「私は○○先生と懇意だ」などと、権力や能力を誇示する人です。そうした言葉を信じて近づけば、相手の思うつぼ。見返りを期待して時間や労力、お金を費やしても無駄な浪費になり、あなたが利用されるだけに終わります。

30代の私は、新しい出会いを求めて絶え間なく人に会っていました。経営者としての経験や知識、知恵の不足を補おうと、助けてくれる誰かをいつも求めていたのです。会うことが優先で、会う人を選別していなかった。

当時の私は、「彼女は計数管理のオーソリティ」「彼は実演販売のカリスマ」というような評判や、「お客様を紹介してくれる」「顔が広い」など、うまい話に釣られて、数多くの人に会っていました。

そんな私の思惑は、仕事のプロ＝本物には見抜かれ、嫌悪されました。

残るのは、「○○をしてあげるから△△してください」と、バーター取引を求めるような人ばかり。有力な取引先を5件以上紹介する代わりに、商品を購入してほしい。オーナーに会わせる代わりに、保険に入ってほしい。今ならばそうした言葉に惑わされることはありませんが、私も若かった。

おいしい話だと思い、飛びついたのです。

しかし的外れな会社経営者に次々引き合わされるだけで、私に残ったのは後悔の念だけでした。彼らは「時間密度を下げてしまう人」でしかありません。

どんな出会いも宝ものと考える向きもありますが、会うべき人の条件を決めておかないと、時間と労力の浪費だけでなく心身の疲労にもなります。

人間関係の広さを誇るのではなく、濃さを考える。

人間関係に関しては、量も大事。しかし、それ以上に質が大切。それが、あなたの時間密度を高める基本です。

ちなみに、ある時期には、名刺収集マニアのように「たくさんの人」に出会っていた私だからこそ、「本物」を見極める目もできたと思うのです。今、貪欲に人と会い続けている方ならば、ぜひそこで本物を見抜く目を磨いていただければと思います。

見返りを求める相手はあなたの時間を奪うだけ。

時間リッチになれば、いい男、いい女になれる

本章では、時間リッチになるための基本的な考え方として「引き算ではなく、足し算で考える」「時間密度を高める」という話をしてきました。これは臼井流タイムマネジメントの基本的概念で、ノウハウというより考え方であり、哲学です。

より実践的で具体的なタイムマネジメントの方法は、次章以降で詳細にご紹介することにしますが、本章の最後に、本書をこれから読み進めていただくモチベーションを高めるために、次のことをおさらいしておこうと思います。

それは、タイムマネジメントで得られるメリットです。

・時間密度が高くなる
・キャリアアップやスキルアップが可能になる

・いろんなことにチャレンジできるようになる
・心に余裕が生まれる
・人との交流範囲が広がる

ざっと考えただけでも、これくらいのメリットはすぐに思い浮かびます。でも、タイムマネジメント・オタクの私から、もっと単純で、大切なメリットについてお話ししておきましょう。それは、次の2つです。

①仕事や人生が楽しくなる
②いい男、いい女になれる

これは、なぜか巷にあるタイムマネジメントの本ではあまり触れられていません。でも、タイムマネジメントの最大のメリットは、本当はこの2つに尽きるのです。

まず、タイムマネジメントで本当に「仕事や人生が楽しくなる」のか。

逆説的に見てみればわかりやすいでしょう。つまり「なぜ仕事が面白くないのか」

「なぜ人生が楽しくないのか」を考えてみてください。

・日々、雑事とルーティンワークに追われる
・余裕がないのでミスも多くなり、業績も給料も上がらない
・目の前のことに手いっぱいで、新しい工夫や発想を盛り込むことができない
・自分が本当にやりたいことを我慢しなければいけない

こういう状況が続けば、誰だって仕事も人生も楽しくありません。でも、時間密度を高めて、自分で時間を有効に使うことができれば、すべてが一変します。

・やるべきことが、さっさと仕上がる
・その結果、業績も上がり、給料も上がる
・余裕を持って、新しい発想や工夫を日々積み重ねていくことができる
・やりたいことに、どんどんチャレンジできる

これなら仕事も人生も、楽しくならないはずがないですよね。

そうなのです。タイムマネジメントというと、どうしても「身につけなければいけない仕事術」とか「社会人としての必須スキル」のようなお勉強としてとらえられがちなのですが、実は違うんですよ。


時間を有効に使うと楽しい。自分の時間密度が高くなると本当に楽しいんです。


次に、タイムマネジメントで本当に「いい男、いい女になれる」のか。

これについての答えは、「仕事や人生が楽しくなる」の説明で、すでに答えの半分はいってしまったも同然です。

つまりタイムマネジメントをしっかりやることで、仕事が速くて、結果も残して、日々スキルやキャリアを積み上げている人は、例外なく魅力的なビジネスマンであり、ビジネスウーマンだと思うのです。

会社で一度、あなたの周りをグルッと見回してみてください。仕事ができると評価されている人は、ルーティン作業ひとつとっても、楽しんでやっているのではないですか。そういった人たちは、あなたから見ても魅力的な人ではないですか。彼らは時間を支配し、心にゆとりがあるから、常に自分なりに知恵を絞り、工夫を加えながら仕事をすることができるのです。だから成果も上がり、仕事ができる人だと評価されるのです。

こういう人は決まって明るく、異性にモテる人だったり、皆に愛される人だったりするのですが、それは、仕事の中に「遊び」を取り入れているからです。

遊びを「余裕」と言い換えてもいいでしょう。仕事のできる人は、ギスギスと時間に追われることなく、自分でマネジメントをして、時間を自在に使いこなしているのです。だから余裕が生まれるのです。

また、時間に追われることなく、自分で時間をコントロールできる人は、自分の意思でやりたいと思ったことに、積極的にチャレンジすることができます。そういった強い目的意識を持つことは、人生を前向きにし、表情を明るくさせます。当然、姿勢にもあらわれます。姿勢は、精神的な面の影響を大きく受けるのです。背筋だって伸びて健康になれます。

そして、臼井流タイムマネジメントでは、人との出会いやつき合いを大切にするのですが、新しい出会いを求める人には、チャンスが訪れます。チャンスは、人が運んでくるからです。

楽しそうに仕事をしていて、明るく、健康的で、チャンスにも恵まれている人が、いい男、いい女になれないはずがありません。

一方で、常に時間に追われている人はどうでしょうか。表情が険しくなり、行動にも余裕が持てなくなります。余裕がないから、あたふたと忙しく動いているわりには成果も出ません。そして成果が出ないから余裕もなくなり、さらに表情も険しくなるという、悲惨なスパイラルに陥ることになります。

それに、与えられたことをこなすだけで精いっぱいとなって、新たなものにチャレンジしたり未知の分野に手を広げたりすることもできないので、好奇心や目的意識が失せてしまいます。人との新たな出会いも減ってくると、チャンスも訪れません。

となると、仕事も人生も楽しくなく、気持ちも暗くなります。気持ちは姿勢や表情に反映されるから、表情が暗くなり、体も前かがみになりがちです。

そんな人が、魅力的に見えるはずがないですよね。

また、時間を使いこなすことは単純に時間を節約することだと勘違いして、単なる時間ケチになって、かえって余裕をなくしてしまう人もいます。

そんな人が行っている時間節約法は、「睡眠時間を減らして、その分仕事をする」とか「テレビを見つつ、食事をしながらスマホでメールをチェックする」などといった見せかけの、時間の節約法に過ぎません。

こんなことをしても、睡眠時間を削れば頭が冴えず、仕事や勉強の効率は下がるばかりです。結局、行動した結果を何ひとつモノにできずに、周囲からも「魅力的ね」ではなく「大変そうね」と見られるだけです。

ぜひ読者の皆さんには、時間を自分でコントロールする楽しみを味わっていただき、幸せな人生を送るいい男、いい女になっていただきたいと思います。


時間を制する者は、人生を制する。

第2章

時間は支配したほうのものになる

人づき合い&コミュニケーションひとつで
これだけ時間の差が出る

時間の手綱を放すな

どんなに時間がなくても、人との出会いやつき合いを疎かにしない。それが結果的には時間密度を高めることになる。これが臼井流タイムマネジメントの鉄則です。

とはいえ、人とのつき合い方も考えなくてはいけません。うまくやればチャンスと時間を手に入れることができますが、下手をすれば時間を奪われてしまうからです。人とのつき合い方が、時間活用の一番大きなカギを握っているといっても過言ではありません。

ですから本章では、「時間を有効に活用するための、人とのつき合い方」についてお話しさせていただこうと思います。まず、次の基本原則を覚えてください。

時間の手綱を、決して相手に渡さないこと。

時間の手綱とは、時間の主導権のことです。手綱を自分が握っているのか、相手が握っているのか、それによって両者がコントロールできる時間に大きな差が生まれることになります。たとえば電話で商談をしているとしましょう。

「わかりました。では、いつお会いしましょうか」

相手がこう聞いてきたときに、

「いつでもいいですよ。あなたの都合で決めてください」

と返事をすれば、時間の手綱を相手に渡すことになります。

「それでは、明日の19時に銀座のオフィスで」

こう返事ができれば、自分が時間の手綱を握ることになります。時間をできるだけ有効活用するには、できる限り時間の手綱を握る、自分でコントロールできる時間を増やすことです。

そうすることで、自分のスケジュールは思うようになります。

よく見かけるのは、相手から面談を申し込んできた場合でも、時間の手綱を相手に渡してしまう人です。

「あなたの都合でいいよ」

これが相手への気配りだと思っていたら、それは大間違いです。単に「時間に甘い人」と相手になめられ、どんどん相手の都合を押しつけられてしまうでしょう。相手から申し込んできた商談であっても、取引の主導権を握られてしまいます。

私の友人の男性で「忙しい、忙しい」と口グセのようにいっている人がいます。仕事も多忙な上に趣味のサッカー、ゴルフ、さらには地域でのボランティア活動と、確かに忙しい人なのですが、忙しさの理由は他にもあるのです。

実は彼、気が弱く、自分の都合で時間を決められないのです。

「いつでもいいです」

これが彼の口グセです。そして相手からは「けっこう暇なんだ」と見られてしまっているのです。こうなると時間の手綱は相手に渡ってしまい、いつも相手の都合に振り回されることになります。そして、必要以上に忙しくなってしまうのです。

私は、相手から商談を申し込まれると、手帳を開きスケジュールを確認しながら、

「○月○日の○時に○○で」

と、即座に自分の都合を伝えます。オフィスにいる時間なら、オフィスに来てもらう。外出先なら、連絡のとりやすい場所を指定する。そうすれば、そのアポイントの時間の手綱を放さないだけでなく、相手に対して、日頃から時間に厳しい人、スケジュール管理が行き届いている人と、自分のことを印象づけることができます。

つまり、今後もその人とのつき合いを続ける上で、常に自分が時間の手綱を握りやすくなるのです。もっとも、そのためには普段から自分のスケジュールをしっかりと把握しておく必要があります。

また、何気ない電話での会話の中にも、時間の手綱のやり取りがあります。

「山本さんをお願いします」

「申し訳ありませんが、ただ今外出しております」

電話をかけた相手が不在の場合、あなたならどうしますか。

「それでは、お戻りになりましたら電話をくださるようにお伝えください」

といってしまいがちですね。でも、相手から電話をかけてもらうようにすると、相手からの電話を待つことになります。つまりこちらには主導権がなくなります。仮に、

「あと10分ほどで戻って参りますので、戻りましたらお電話させましょうか」

といわれても、帰社時間はあくまで予定です。遅れる場合も考えられます。あるいは連絡ミスで、相手に伝わらないこともあります。

それに、いつかかってくるのかも定かではない電話を待つのは「10分後に戻るといったのに、かかってこないな」とイライラすることになり、精神衛生上も損です。

ですから、相手の戻ってくる時間がある程度わかっていても、私はこう返事します。

「それではこちらからまた、かけ直させていただきます」

たったこれだけの切り返しで、自分が時間の手綱を握ることができるのです。

何度かけても相手が捕まらなかったときには、嫌気がさして「電話をください」といってしまいそうになりますが、そこはあくまで自分がイニシアティブをとるようにしてください。時間の手綱は、握ったほうに分があるのです。

呼び出される側から呼ぶ側に回るのが、時間を節約するカギ。

時間泥棒から身を守るケータイ活用術

「時間泥棒」という言葉を耳にしたことがありますか？　時間泥棒とは、文字通り時間を盗む人、あなたの大切な時間を盗みとっていく人のことです。

時間は目に見えませんから、盗まれているという実感はすぐには湧きません。でも、ちょっと油断すると、時間泥棒はあなたの大事な時間をどんどん奪っていくので注意が必要です。

たとえば、こちらの都合にお構いなしにかかってくる電話。大した用事でもないのに長々と話を続けられ、切ろうとしても絶え間なく話し込まれて切るタイミングがつかめないという経験はありませんか。これは、たとえ相手に悪気がなくても、あなたの時間がどんどん盗まれていることにほかなりません。

私の友人A子も、よく「折り入って相談がある」と電話をかけてきます。彼女からの「折り入って相談」はたびたびのことなので、この電話がかかってくると私は「またか」と思います。

幼なじみなので、むげに切ることもできませんが、それでも私は極力、用件だけを聞いて早めに電話を切り上げるように腐心しています。そうしないと、A子に悪意はなくても、私の命と同じくらい大事な時間がどんどん盗まれていくからです。

電話は大変便利な通信機器ですが、受ける側の状況を考えずに一方的にやってくる侵入者という一面もあります。だから私は、仕事に没頭したいときには、つないでほしい電話だけを周囲に告げ、それ以外は外出中といってもらうようにしています。なかには緊急の連絡を要する電話も交じっていますから、伝言だけは必ず聞いてもらうことを忘れません。もちろん、自分の携帯電話は留守電に設定し、時間を決めチェックしています。

電話魔以外にも時間泥棒はいます。

たとえば、商談があって誰かとお会いした場合、とっくに用件が終わっているのに帰ろうとしない人。こんな人も時間泥棒です。

商談の後に雑談や歓談は一切するな、とはいいません。でも、その後にやることがたくさん控えているときに長居をされて「もういいでしょ。そろそろ帰ってよ」と思った経験は、誰でも一度はあるでしょう。

そういう時間泥棒から時間を守るために、私がよく利用しているのが携帯電話です。

「今日の相手は話が長そうだぞ」とわかっている場合、たとえば喫茶店や相手のオフィスなどで会うのなら、会社のスタッフに、あらかじめ指定しておいた時間に携帯電話に電話をかけてもらいます。そして電話が終わったら渋い顔をしてこういうのです。

「申し訳ありませんが、緊急の用が入りましたので、ここで……」

また、事前にそういった準備をしていなかったのに思った以上に話が長引いたときには、トイレに行くついでにちょっと席を外し、会社のスタッフに電話を入れて「10分後に、急用が入ったからと電話して」と頼みます。あとは、先のようにいえばいいのです。場合によっては、こちらから会社に電話を入れ、急用ができたフリをするのもいいでしょう。

ひとりの人に、同じ手を何度も使うことはできませんが、時間泥棒から大切な時間を守る方法として、この作戦は覚えておいて損はありません。

人から「感じのいい人」だと思われたいのは、誰も同じです。でも、だからといって、用件が終わっても帰らない人や、電話の長い人などに優しい顔をしてつき合うことは、時間リッチを目指すならやめるべきです。

でないと、相手も「あ、この人は自分と同じタイプの人だ」と勘違いして、ますます腰を落ち着けてしまうからです。

用件が終わったら話のテンポを崩して、相手の居心地を悪くする。「落ち着きのない人だな」と思われるくらいで、ちょうどいいのです。

周囲にもそれとなく、時間を大切にしていることをアピールしよう。

時間泥棒は二度盗む！

「2～3分いいですか」と、電話をかけてくる人がいます。このとき、「2～3分ならばいいか」と安易に考えてはいけません。2～3分の出費だと考えていたことが、実は1～2時間の出費だったということが、よくあるのです。

たとえばオフィスで企画会議の真っ最中に「2～3分でいいですから」と電話がかかってきたとします。そして2～3分ならと電話に出ます。実際に3分以内に電話が終わったとしても、実はそれ以外にも時間は奪われているのです。

電話に出たために、会議に戻って「どこまで話していたのか？」と、記憶を取り戻すには時間がかかります。他のメンバーの会議に対するテンションも、電話の前の状態にするには時間がかかるかもしれません。そう考えると、あなたが費やす時間は決して2～3分ではなく、5～10分になる恐れがあるのです。

根をつめて資料を作成しているとき、企画を考えているとき、頭を使っているとき、仕事に没頭しているときの電話は、もっと被害が甚大です。

たとえば原稿を執筆しているとき。書くことに集中し、自分の表現したい言葉や言いまわしが頭の中でグルグル巡って「あれもいいな、これもいいな」と、執筆の流れが決まり、いざ書くぞとなったときに電話で2~3分作業が中断されると、それまでの流れがスーッと消えてしまうのです。

たった1回、2~3分の電話のために、1日がダメになってしまいます。

寝入りばなに電話がきて、その後1時間も2時間も眠れなかったという経験は、あなたにもあるはず。たった2~3分の話であっても数時間を奪うことがあるのです。

時間の達人になるなら、この恐ろしい裏のコストを忘れてはいけません。

「2~3分ならいいだろう」が1日をつぶす。

長く熱心に話すほど人に伝わらない

人に何かを伝えたいとき、ついつい熱が入ってしまう気持ちはわかります。でも、たくさん話せば相手に伝わるというものではありません。むしろ逆です。

成績のいいセールスパーソンほど、あまりしゃべらないといわれます。私のところにも自社の製品を買ってほしいと週に何人ものセールスパーソンが訪ねてきますが、おしゃべりなセールスパーソンには、だいたい興味を持ちません。

彼らの多くは、自社製品のメリットについて延々と説明するのですが、しゃべりすぎるセールスパーソンからは何が一番のメリットなのか、特徴は何なのかといったポイントが伝わってこないものです。

基本的に人は、話を聞くのが苦手です。よほど興味を持つ話か、関心があるテーマならいざ知らず、他の話は話半分で聞いているもの。まして自分の関心のない話は、できるだけ早く終わってほしいと思うもの。だから話はわかりやすく、適切な時間にとどめるべきなのです。

熱心に、詳しく話すほど、相手には伝わらない。
ポイントだけに絞って話すと、相手に伝わる。

人とのコミュニケーションで時間を浪費しないために、これは覚えておいてください。

私がこのことに気づいたのは、ある健康器具を商品化しようとしたときです。

私にとって初めての発明品の商品化だったのですが、新規のビジネスということで、何かとお金がかかりました。原材料の仕入れ、製造工場の確保、試作品モニターの募集、パッケージ代など、お金が出ていくところは山ほどあります。

そして、見積もりをとっているうちに当初の予算では、到底足りないということがわかったので、銀行に融資をしてもらうことにしたのです。私は、会社の近くにあった銀行に融資の申し込みに出かけて、事業計画書を片手に切々と話をしました。

なぜこの商品を思いついたのか。

どんな方を対象にしているのか。

初期費用はいくらかかり、いつ頃から利益が出て、年間いくらの利益を生むのか。

しっかりした事業計画があり、熱意でもっと押しまくれば融資は受けられる。私はそう考えていました。読んだビジネス書にも「資金調達を乗り切るには、情熱を持って何度も足を運び、銀行の担当者を納得させること」と書いてありました。

ところが、どんなに微に入り細にわたって訴えようと、ろくに話を聞いてもらえなかったのです。事業計画書は、見てさえもらえませんでした。

一度の失敗にめげず、私は何度も銀行に足を運びました。でも、回数を重ねるほど担当の表情は険しくなるのです。

熱意は見せている。事業計画書も万全だ。なのに、なぜだろう。

私はそのとき、重大なミスを犯していたことに気がつきました。「お金を引き出さなければ」と焦る気持ちから、自分勝手な話ばかり長々としていたのです。

どんな話であっても、相手の頭の中に入って理解されなければ、まったく無意味です。

資金を調達したいというような場合は特に、ついつい事業計画のすべてについて細大漏らさず伝えようとします。しかしそれは、話を聞く側の立場に立ってみると、まったく迷惑な話です。

ポイントを簡潔に短い言葉で、印象に残るように伝える。長々と書いたものやダラダラした話よりも、簡潔な話のほうが相手に伝わるし、人の心を動かすものなのです。

それに気づいた私は、別の銀行に1000万円の融資を申し込みました。このときは、同じ轍《てつ》は踏むまいと、要点を簡潔にまとめた事業計画書を持ち、銀行の担当者には、融資することで将来どれだけ銀行にとってメリットがあるのか、そこだけをポイントに伝えました。

すると「そんなに儲かるの？」と関心を示してくれたのです。初めに融資を申し込んだ銀行では、一度も出なかった言葉です。さらに「臼井さんのビジネスは、何だか楽しそうだね」といってくださいました。その後、2週間ほどで決裁が下りて、資金を調達することができました。

このように、ちょっとした話し方の違いで無駄な時間や労力を省き、成果を得ることもできるのです。時間リッチになりたいなら、話し方、伝え方にも、頭を使うようにしましょう。

たとえば、コミュニケーションにおいて時間効率を上げるには、次のようなことにも注意してほしいところです。

・結論&結果を最初に話す

ビジネスの場の報告は、何をおいても「結論&結果」を先に話し、その後に経過や原因を話すこと。この優先順位をしっかりさせておかないと、無駄に相手から時間を奪うだけでなく、仕事がわからない人、できない人と思われてしまいます。

・いいにくいことは早めに話す

相手にプラスの情報なら、誰もが気兼ねなく話をします。でもマイナスの情報を伝えるときは、結果より先に理屈や意見をダラダラと話をする傾向があります。

一生懸命、理屈をつければつけるほど、相手に理解させるのに時間がかかることになるので、たとえマイナスの情報でもスパッと早めに切り出しましょう。

頼み事をするときもそうです。本題に入る前にダラダラ前置きをする人がいます。

いいにくいことを切り出すのは気が引けますが、ダラダラしゃべりは相手の気分を害し、大切な時間を奪う行為です。

頼み事や、いいにくいことを話すときには、ストレートに話を始めるのがいいのです。いってしまえば何のこともない、心配しすぎということもあります。

・人を叱るときやアドバイスをするときには、いくつも問題点を並べない

いいたいことがたくさんあっても、一度に話すと、相手は受け止めきれません。優先順位をつけて、1つずつ問題を解決させるようにしましょう。

・相手を納得させるには、ゴリ押しではなく質問形式で

饒舌な人ほど相手を説得するとき、熱弁を振るう傾向があります。話のうまさで、相手を説得できると思ってしまうのです。しかし正面きって熱弁を振るうと、相手が反発してうまくいかないことが多いものです。

そんなときは、多くを語って相手をねじ伏せようとせず、質問形式で話を切り出して、相手にも一緒に頭を使ってもらいましょう。

たとえば相手が実現不可能な計画を曲げないで、押しつけてきたとします。「それは無理」「それはダメ！」と切り出すのではなく、「その計画にはどれだけの日数がかかるのか」「予算はどうするのか」など、質問を投げかけていくのです。

そうしているうちに相手は、自分の計画に落ち度があることに気づくはずです。

・事実と意見を分けて話す

話が長い、くどいタイプの人に多いのが、事実と意見を整理せずに話すことです。これが混在していると、相手の理解が遅くなります。

言葉は数より質を意識しよう。

初対面の相手はフルネームで呼んで一気に距離を縮める

　時間もお金もチャンスも、結局は人が運んでくる。だったら、いろんな人と知り合って、広い人脈をつくっておくことに越したことはないですね。

　私には、まだ一、二度しかお会いしたことがない人でも、すぐ親密になれるという特技があります。人間関係をつくるのに時間がかかる人からは、

「生まれもっての性格の差ですね。うらやましい」

と思われているようですが、とんでもないです。

　もともと私は、大の人見知りだったのです。30歳過ぎまでは、きちんと人の顔を見て話すこともできなかったほどです。でも、経営者としてはそれですむわけもないし、人脈づくりにじっくり時間をかけられるわけでもない。

　だから、できるだけスムーズに人間関係を築く、できるだけ短時間で相手との距離

を縮める方法を、試行錯誤の末に編み出したのです。
編み出した、といっても全然難しいことではないので、皆さんにもお教えします。

まず、誰かと初めてお会いしたときに、必ず名刺交換をすると思います。そのとき、

必ずフルネームで相手の名前を読み上げる。

これを習慣にしてください。

正しい名前の読み方を確認しておくという意味もありますが、実はこれだけで、相手との距離がグッと縮まるのです。

人は、自分のフルネームを呼ばれることに対してイヤな気はしないものです。むしろ、自分に関心があるととらえ、好意的になるものです。

そして、こちらからフルネームで名前を呼ぶと、相手も自然とこちらのフルネームを呼んでくれます。こうして名前を呼び合うと、どうなるか。

人間というのは不思議なもので、仲がいいと錯覚するのです。

もっとこの人のことを知りたい、と相手が興味を持ってくれるのです。

仲がよくなってきて、だんだんと下の名前で呼び合う、というケースは皆さんもご存じだと思いますが、まずはカタチから入る、つまり、最初に名前で呼び合うことで、仲よくなれるということも真なりと覚えておいてください。

またこのときに、自分の名前について何かエピソードを挟み込むと、初対面にもかかわらずあなたの名前はずっと相手の記憶に残ります。

たとえば私でしたら、

「臼井由妃といいます。由妃の『妃』は『楊貴妃』の『妃』。『妃《ひ》』と書いて〝き〟と読みます」

こうつけ加えるだけで、たとえ楊貴妃にピンとこない人でも、

「あの人は『妃』と書く由妃さんだ」

と覚えていただけるのです。

そして2回目に会うときからは、挨拶をする際に必ず名前をつけるようにします。

「こんにちは、○○さん」

「ご無沙汰しております、△△さん」

わざとらしくないように自然にこう名前を呼ぶと、相手は「自分のことを覚えてい

てくれたんだ」とうれしくなります。さらに、初対面のときにさり気なく好きな食べ物や誕生日、出身地などを聞いておいて、それについて触れると、すごく喜ばれます。

フルネームで呼ぶ。

2回目からは挨拶に名前をつける。

苦手そうな相手やタフな交渉が求められる相手とは、なかなか人間関係を築くことが難しいものですが、たったこれだけで一気に相手の懐に飛び込むことができるのです。これは相当な時間的コストの短縮といえるでしょう。

また、初対面の相手と会う前に、あらかじめ自分の情報を相手に与えておくのも、その後の人間関係を素早く構築する上では効果的です。

どうするのかというと、実際に誰かと会う前に、その人と親しい人にあらかじめ、自分自身の基礎データをレクチャーしておいてもらうように働きかけるのです。

「実は、来週の月曜日に○○さんにお会いすることになっています。

もし○○さんと話をする機会がありましたら、よろしくお伝えください」

上司や共通の知人などにこうお願いしておくと、必ずといっていいほど、あらかじめ自分のことが相手に伝わっています。自分の情報を少しでもいいから伝えておくと、事前に相手が自分に興味を持ってくれます。

適切な人が見つからない場合には、会う前日に自分から電話して、

「明日○時にうかがいます。お会いできるのが楽しみで、思わず確認の電話をしてしまいました」

と、相手に関心があることをアピールします。これだけでも同じ効果があります。

私がこういった事前準備をするようになったのは、かつて日本テレビ系で放映された「マネーの虎」に出演していた頃からです。この頃は初対面の方とお会いしても、あらかじめ臼井由妃とはこういう人物だということが相手に伝わっていたことが多かったので、その後の話がスムーズに進みました。

もっとも、この頃相手に伝わっていた事前情報というのは、決して正しい情報ではありませんでしたが。というのも、テレビを見ていた人たちは皆一様に「臼井社長は

怖い人」「厳しい社長」という印象を私に抱いていたからです。

「マネーの虎」という番組は、挑戦者が事業プランを虎である社長にプレゼンし、出資や投資を募る企画です。社長は自分のお金を出すわけですから、挑戦者への質問や要望も鋭くなり、浮ついた事業プランや礼儀をわきまえない挑戦者には態度も厳しくなります。

ところが実際に会ってみると、「優しい人ですね」「親しみやすくてビックリしました」と、テレビから受けるイメージとのギャップを指摘されました。「いい意味で裏切られた」と「マネーの虎」が放送されていた当時はよくいわれたものです。

初対面の人とは、まずお互いに話のとっかかりを探すところから入ると、本題や核心を話す前段階に時間が多くとられてしまいます。

しかし、あらかじめ自分の情報が何らかのカタチで相手に伝わっていると、初対面でもそこから話が弾み、本題や核心部分への話がスムーズになります。

人との出会いも、偶然に任せるだけでなく、どんどん仕掛けて攻めよう。

直筆の手紙が結果的には時間節約につながる

人間関係は、初対面でできてしまうこともあれば、長年かかってようやくできることもあります。じっくりと育んだ人間関係ももちろん大切ですが、短い時間で有益な人脈が増えていくのなら、それに越したことはないですよね。

でも注意したいのは、人間関係を築く際に、時間短縮を気にするあまり、結果的に時間をかけるという愚を犯さないということです。アナログである人と人とのコミュニケーションでは、当初は時間を余分にかけるほうが、かえって時間の節約になることもあるのです。

「昨日はお会いできて光栄です。これを機に、おつき合いいただければうれしいです。まずはお礼まで」

パーティや異業種交流会などで名刺を交換すると、翌日にはこういったメールが必ず何通か入ってきます。100人と名刺を交換すれば、そのうち15人ほどからは翌日にメールで、お礼や挨拶をいただきます。

以前は、お礼や挨拶といえば手紙やハガキがほとんどでしたが、文字は「書く」から「打つ」に変化して、ほとんどはメールでいただくようになってきました。

時間や作業効率から考えれば、メールは確かに優れています。しかし、いかにも事務的で心が通っていないというメールも中にはあります。

特に、明らかに一斉送信したと考えられるメールでは、文面に「社長様にお会いできて光栄です」と打たれても、この人は調子いいなあと思ってしまいます。

こういうメールが届くと、せっかく素早くコミュニケーションをとっていただいたにもかかわらず、その人と私がよい人間関係を築く時間がより遅くなることはいうまでもありません。

ダイレクトメールならともかく、名刺交換した相手と良好なつながりを持ちたいと望むのなら、たとえメールであっても、どこかに「手書き」の要素を残しておくべきだと思います。メールを書く時間はかかっても、結果的に相手との人間関係を築く時間は短縮されるからです。

私は名刺を交換したら、できる限りその日のうちに「一筆箋」を使いお礼の手紙を書くようにしています。手紙というとハードルが高く感じる方も多いでしょうが、頭語や時候の挨拶などにとらわれず、3行から5行ほどで形が決まる「一筆箋」ならば、ほんの一手間かけるだけで、結果的に相手との人間関係を素早く築くことができると信じているのです。

いただいた名刺をその日のうちに整理して、相手の印象、交わした言葉を思い出しながら、今度お会いしたときにはこんなことを話そう、聞いてみようと考えます。そして、相手の顔を思い浮かべながら、それぞれにふさわしい話題を1つだけ選び「一筆箋」にしたためています。

手間暇よりも早さをとり、メールで挨拶することもありますが、それはよほどのこと。できるだけ自分のフルネームがデザインされた「オリジナルの一筆箋」で、挨拶やお礼を出します。

「忙しいのに手紙を書くなんて。しかも手書きで。よくできますよね」

こういわれることがありますが、「一筆箋」ならば、メールを打つのと同じくらいの労力ですみますから、続けられるのです。

それに、手書きで「一筆箋」を書くのは、私の大切な営業活動であり習慣なのです。

今でこそ営業や経営戦略の講演をさせていただいている私も、経営者になった頃は、人の目を見て話すことすらできない人間でした。営業に出ても下を向いているだけで、相手の質問に答えられず帰社したことも多かったのです。

名刺をいただいたら、その日のうちに整理して挨拶をハガキや手紙で出すのは、その頃に身についた習慣です。元はといえば、営業先でいただいた質問や要望に対しての答えをハガキに書き、送ったのがきっかけです。電話で返事することもできますが、口ベタの私には、どう話を切り出していいかわからなかったのです。

その点、ハガキや手紙なら落ち着いて答えを書くことができる上に、営業ベタの印象を少しでも払拭できる。そう考えて、始めたことです。これを習慣にしてきたことで、多くの方々と人脈を築くことができました。礼儀正しい人という印象で受け止められ、大口の取引を紹介してくださった人もいます。

初めてお会いした方に名刺交換のお礼をするとき、効率だけにとらわれると、ついメールに頼りがちです。しかし、手紙などで時間と手間をかけるほうが、その価値が相手に伝わり、結果的に人間関係を築く上での時間の短縮になるのです。

こんなことがありました。7年ほど前、起業家を対象にしたセミナーの講師として、70人ほどの受講生を前に講演したときのことです。

講演が終わって受講生全員と名刺を交換し、翌朝には私のパソコンに、セミナーの感想やお礼のメールが30通ほど入っていたのです。

その中の1通に、私は目を奪われました。

「臼井先生、セミナーを受講させていただいた〇〇です。先生から学んだことを、さっそく実行させてください。失礼とは思いますが、メールと手紙で『目標宣言』をさせていただきますのでよろしくお願いします……」

その日のセミナーでは、起業家としての目標の立て方や、目標は紙に書いて貼ること、声に出して毎日読むこと、すぐにやる気のなえる人は尊敬する人や自分の憧れの人に「私は〇年〇月までに〇〇を絶対に達成します！」と宣言するのがいい、と話したのです。

そしてメールの送り主は、それを実行したというわけです。

さらに翌日、同じ方から、1枚の写真が入った手紙が届きました。写真には、壁に貼った「目標宣言」を前に微笑んでいる受講生がいました。

「先生ありがとうございます。セミナーオタクの私も、これで卒業です。目標（ゴール）目指してあとは走るのみです」

手書きの短い文章でしたが、その人の心が伝わってきました。講師としてこれほど感動したことはありません。

最近は、ビジネス文書はもちろんのこと、年賀状や暑中見舞い、転居通知などの私的な手紙までも、文面が印刷されたものを利用するケースが増えてきました。

確かにこれらは便利なのですが、これを使うことによって、一見手間が省略されたように思えても、本当はより人間関係の距離を遠くしている、人間関係を築く時間を多く必要とすることになっていることもあるのではないでしょうか。

人間関係は、デジタルではなくアナログです。時間を大切にする私は、時間を大切にしているからこそ、メールに頼るだけでなく、手書きの手紙を今日も書き続けているのです。

人との交流で時間をケチっては、あとあと大きな時間を失う。

人をうまく使えるか否かが時間リッチと時間貧乏の差

経営者や管理職の視点から時間の有効活用について考えると、避けては通れない問題があります。

人を、いかに使うか。

なかには、何もかも自分でやろうとする経営者もいます。そういう人たちは、一見仕事ができる人に見えますが、自分の時間を効率悪く使っているに過ぎないのです。

経営者や管理職は、だいたい時間価値（時給）が高く、部下や一般社員と同じ仕事をしていては、時間価値に見合いません。

しかも自分でやってしまうと、部下が仕事を通して成長する機会を奪うことにもなります。結果的に部下が一人前に成長するのも遅くなり、会社の業績が上がるのも時間がかかるでしょう。いろいろな意味で時間を無駄遣いしていることになるのです。

私の知人で「なぜ彼は、いつも営業成績がいいのだろうか」と、不思議がられる人がいます。その人は残業をほとんどしないし、彼の下で働く部下も同じ。あくせく働いている様子はありません。それなのに営業成績はいつもトップ。

その理由は、彼が人に仕事を任せるのが上手だからです。部下に仕事を振り分け、相手をやる気にさせるように仕事を依頼するのが上手なのです。経営者や管理職に求められるのは、こういったプロデュースのスキルです。

もっとも、何でもかんでも仕事を振ればいいということではありません。時間を浪費しないためにも、相手に気持ちよく、効率的に仕事をさせる必要があります。

そのためには、次のことに注意をしましょう。

① 「あなただから任せる」と強調する

頼られたい、役に立ちたいと思う気持ちは、誰の中にもあります。人に仕事を頼むときには「あなただから頼むのです」「あなたの力を借りたい」と、相手の自尊心をくすぐるのがコツです。

逆に「誰でもいいから手伝ってほしい」「暇そうだからやってくれ」などと口にすると、部下はモチベーションが上がらず、いい仕事もしてくれません。

②細かく分けて頼む

仕事をさせるなら、何をどうしてほしいのかをしっかりと説明する必要があります。いくら自分がわかっていても、相手が理解できなければ、いい仕事は返ってきません。

たとえば新商品の企画を作成するという仕事を頼む場合、いきなり「企画をつくりなさい」といっても、相手に経験や自信がない場合は、どこから手をつけていいのかわかりません。それに「これは大変だ。できないのではないか」と思ってしまえば、仕事に着手してもいい成果は期待できません。

人に仕事を頼む場合には、細かく分けて頼むのがコツです。細かく分ければ「何をすればいいのか」がわかるし、「できない」「大変だ」というイメージが消えて、取り組みやすくなるからです。

新商品の企画を立てるのなら、企画の要素である「市場調査」「既存の商品の分析」「類似商品の調査」「費用分析」など、いくつかの作業に分けて「市場調査だけをやって」と頼みます。この方法は部下をまとめ、チームで仕事をする場合にも有効です。

細かく仕事を分けると、仕事が楽に見えるだけでなく、人に振りやすくなり、スピードもアップし、チームの結束も生まれます。お互いの競争意欲も生まれ、質の高い仕事ができるのです。

③でき上がった仕事について適切にフィードバックする

部下に仕事を頼む場合に、「今度飲みに連れて行くから」「御馳走するから」などと、ニンジンをぶら下げて仕事を頼む人がいます。しかしこれは部下の能力や人格を考えていない発言であり、何かと引き換えるという発想は、押しつけ以外の何ものでもありません。

部下が頼んだ仕事を成し遂げたら、その仕事をきちんと評価することが一番大切です。

そして決して自分の手柄にしないで、上司に「部下の頑張りがあったから」と進言し、部下の手柄にするのです。

こうすることで部下は、イキイキと働き、実力もつけることができます。結果的に、無駄な時間を使うことなく、その部署の成績を上げ、自分が評価されることになるのです。

仕事はひとりで抱え込まず、上手に人に頼めば、早く片づくだけでなく部下の能力を向上させることにもなります。それが、あなたの時間を増やすことにもなるのです。

実は私自身もついつい「自分でやったほうが早い」と思いがちの人間なのです。でも、それは時間価値的には最悪だとわかっているので、日々その誘惑と格闘しています。

人を使えない人は、いずれ時間を使えない人になる。

「頑張って」より「よい仕事しているね」で時間が生まれる

経営者やリーダーにとっては、社員・部下のモチベーションを高めることも大事な仕事です。

士気が高まれば、社員は自発的に動いてくれるようになり、経営者もリーダーも時間をより効率よく使えることになります。逆にモチベーションが高まらなければ、人にいわれるまで動かない社員が増殖し、経営者が自ら走り回ることになります。

とはいっても、毎日一人ひとりの社員に張りつくわけにもいきません。

多忙な経営者、リーダーとしては、できるだけ短い時間で、労力をかけずに、効果的に、部下やスタッフの自主的なやる気に火をつける必要があります。

そこで有効に使いたいのが言葉です。偶然エレベーターで乗り合わせたときなどに、言葉を選んで声をかければ、それだけで社員の士気が高まり、積極的に動いてくれることもあるのです。

私がよく使う言葉はこれです。

「よい仕事しているね」

組織が大きくなればなるほど、社員にとって経営者や上司は遠い存在になるのですが、この言葉には「私はいつもあなたを見ています。評価しているんですよ」という思いが込められています。「よい仕事しているね」と一言かける。それだけで「いつも私を気にしてくれているのだ」と思い、イキイキと働いてくれます。

その反対に、使わないように気をつけている言葉もあります。

それは、「頑張って」という言葉です。

私は人に対して「頑張って」とはいいません。

「頑張って」は、頑張っていない人にいう言葉であり、自分なりに考え行動している人にいってはいけない言葉だからです。

自分の許容範囲のいっぱいまで仕事をしている部下に「頑張って」なんていえば、「私はこんなにやっているのに。上司は自分を理解していない！」と反発され、社員のモチベーションが下がるだけです。

ほんの一言の違いで、社員のやる気に大きな差が出る。これは、経営者やリーダーにとっては、仕事を進める上で、大きな時間の差となります。

飲みニケーションだけが、部下との絆を深める手段ではない。

10を知るより10人の「知っている人」を知る

何でも自分で知ろうとしない。専門外の話は人に聞く。いろんなことを手広くやろうと思うなら、人の力を借りることが大変重要です。

経営者になりたての頃、私は経理が苦手でした。それを何とか克服しようとして、本屋に行っては何冊も経理に関する本を購入して猛勉強しました。でも、何冊読んでもわかった気になるだけで、理解ができません。

ところが、経理に精通している知人に教えを乞うたところ、すぐに理解できました。

わからないことは、わかっている人に尋ねる。

問題を解決するためには、これがもっとも手っ取り早くて確実な方法なのです。何でも自分で調べて解決しようとすると、いくら時間があっても足りません。

特にやることの多い経営者や管理職ならなおさらです。やれること、やれないことを見極め、やれないことはスパッと誰かに頼る。そうしないと、いつまでたっても時間貧乏のままです。

私は、いろいろな分野で講演や執筆、コンサルタントの業務をさせていただくことがあります。しかし、自分ひとりでカバーできる知識や情報の範囲には限界がありま す。そして、どんな質問を受けても的確な考えを示し、アドバイスができなければ、この仕事は務まりません。

だったらどうするか。

自分の知らない知識を埋めてくれる人に、助けてもらうのが一番です。

私は、あらゆる分野に詳しい人たちとのパイプをつくっておき、何かわからないことがあれば、すぐに教えを乞える環境を整えています。

メルマガやブログ、インターネットに関連することは、業界の第一人者である知人。

東洋医学や漢方については、友人を介して知り合った香港在住の中国の方。

流行のファッションや美容法については、メークアップアーティスト。

執筆に関する問題は出版プロデューサー。

講演会やセミナーで人気のあるテーマについては、講演会のエージェント。

こういった「知っている人」を知っておくことは、自分で知ることよりも、自分の可能性や使える時間の裁量を大きくしてくれるのです。

やることが多い人は、スペシャリストではなくゼネラリストを目指せ。

第3章

メール・SNSの切り捨て術

「とりあえず」こそ最大の時間泥棒

情報も人も広く浅いつき合いは無駄

「毎朝、オフィスで真っ先に行うことは何ですか？」

そう尋ねられたら、「メールのチェック」と答える方が多いのではありませんか。

ビジネスパーソンとして経験を積み、さまざまなプロジェクトにかかわり、つき合いも広いあなたでしたら、前日にメールの処理をしてパソコンを閉じたとしても、翌朝には膨大な数のメールが届いているという状況でしょう。

ここで考えてほしいのです。

それらのうち、歓迎すべきものはどれくらいありますか？

返信を心待ちにしていたメールは、どれほどの数でしょうか？

これは、自分に届くメールの数が認識できているか、そしてその重要度を識別できているかの問いかけです。

即答できるあなたであれば、メールに時間を支配されていない。時間をうまく活用できる人です。

それでも気を配ってほしいのが、件名に「お礼」「連絡」などと記されているだけで具体的な内容が推測できないメールや「緊急」「重要」といった開封を急かせるもの。

件名を見ただけで用件がわからない送信者は、礼儀や常識はわきまえているつもりでも、あなたの生産性を阻害する「時間泥棒」。

開封を急かすメールを送る相手も、自己中心的であなたのプライベートゾーンに、TPOをわきまえずに踏み込んでくる「時間泥棒」といえます。

お礼や連絡のメールをやり取りするのは、ビジネスシーンではよくあることですが、単に「先日はありがとうございました」「お目にかかれて光栄です」「またお会いできるのを心待ちにしております」だけで心に残るメッセージや納得できる情報などがないものは、儀礼的でしかありません。

また開封を急かすメールは、売り込みや宣伝など、相手の都合で送信されたもの。

そうしたメールに閉口しながらも、何の手立てもせず「とりあえず保存」。折を見て「削除」。仕方なく「返信」するようでは、あなたの時間は侵食される一方です。

なぜそうしたメールが舞い込むのか？

相手に問題があると考える前に、自分の行動を疑ってみましょう。

・情報収集のためと考えて複数のメールマガジンに登録➡数多くのメルマガが毎日届くが、実際は必要ではなかった

・パーティや会合で大勢と名刺交換➡お礼やお誘いメールが来ても、相手の顔や会話の中身を覚えていない

情報も人も広く浅くつき合おうとすると、不要なものを背負いこむことになるのです。それは労力、時間を奪う悪玉。即、整理しましょう。

不要なメールマガジンの配信停止の処理をするのは当然ですが、顔を思い出せない

相手や儀礼的な言葉だけのメールには返信しないなど、自分なりのルールを決めるのもいいでしょう。私は、

・メールのチェック時間を始業時と終業時の2回と決めて、それ以外は開かない
・要らないと思うものはその場で即、削除
・保存するのは、やり取りする必要性を感じる相手だけ
・送信する言葉、数字など内容を吟味して、心待ちにしていたメールだとしてもすぐには返信しないようにする

を自分ルールにしています。

こうしたことを習慣にすると、メールの洪水に悩まされることはなく、必要な情報やつき合うべき相手が見極められ、結果、時間を有効に活用でき仕事がはかどります。

自分ルールに従ってメールを処理。

仕事がデキる人ほど「即返」しない

先に、私は「心待ちにしていたメールだとしてもすぐには返信しないようにする」と述べました。

そこに、疑問を感じた方もいらっしゃるかもしれませんね。

優位な立場になりたい？

相手の出方を待っている？

どちらでもありません。「発言の重みを考えている」からです。

キャリアやスキルを重ね、責任ある立場にあるあなたならば、わかるでしょう。

新人なら「ついうっかり」「申し訳ございませんでした」で、何事もなかったかのようになる勘違いや間違い発言でも、トップや管理職にある方、中堅社員がすれば、「謝罪」ではすまないのです。

責任ある立場の方から届いたメールを、相手は、100%真実だと受け取ります。そこに数値や期限の勘違い、考え方のぶれがあるとは、思えないものです。

仕事がデキる人は、メールを受け取ったら何度も読み返し、その真意をとらえた上で、的確な言葉でテキストを打ち、誤字や脱字がないかと、数字や敬称等も何度も確認してからメールを返信します。

私の場合、急を要する返信以外は「一晩寝かす」を、モットーにしています。

実際、寝かしたメールに目を通したら、(水曜日)と(木曜日)を打ち間違っていたり、「部長」に昇進した方に「課長」と書いてあったり。スケジュール管理や得意先の把握を疑われかねないミスに気づいたことがありました。

自分に限って勘違いや打ち間違いはしないと思っているあなた、それこそがミスを招くのです。

受け取ったメールは、すぐに返すのが礼儀だと思っているあなた。

その考え方は立派ですが、返すことにとらわれて相手が求めている答えからずれたものに、なっていないでしょうか。

手紙よりも簡単で、電話よりも気楽に自分の思いや情報が伝えられる。

メールの魅力はそこにあるといえますが、もし相手に手紙で返信をするならば、言葉選びや内容に誤りがないか、誰しも気を使うでしょう。そして、書いた手紙を何度も読み返してから、投函しますよね。

送信者に電話で応えるならば、相手の仕事やライフスタイルを考えてかけ、時間を奪わないように「余計なこと」はいわないもの。

手紙での返信も電話も、そうした気遣い＝「間」があるのです。

仕事がデキる人は、その「間」をメールにも取り入れているといえます。

即、読んでも、即、返信はしない。

そう考えるだけでも、あなたのメールは内容の濃い、間違いのないものになります。

メールでも「間」が大事。

たった1行の「P.S.」でメール効率がグンと上がる

地位や職責の高い方や行動力のある方、おつき合いの広い方のもとには、毎日、大量のメールが届きます。

ビジネス社会での実績に比例してメールは増える。

仕事がデキる人は、連日あふれるメールの中で生きているといっていいでしょう。

あなたが苦心して作成したメールも、相手のメールボックスの中で存在感を失っている可能性があります。

そんな方に、あなたのメールを楽しみにしてもらえる簡単な方法があります。

それがメールの最後にP.S.＝追伸を1行添える方法です。

ただし手紙やハガキに添える儀礼的な追伸とは、意味が違います。

これからお伝えするメールに添える「1行P.S.」は、あなたを好ましい存在としてとらえ、仕事を一緒にしたい、会いたいなどと相手を「ポジティブな気持ち」にする力があります。

たとえば、メールの本文で面談のお願いを申し入れたとしましょう。

相手は日頃、取引のある、会社の経営者です。

こういう場合「件名」に「面談のお願い」と書くのが常でしょうが、「○○社長に真っ先にご紹介する新製品△△」「○○認定の新製品をご紹介したい」などと、具体的に書くことは忘れないでくださいね。

そして面談の趣旨やスケジュールのおうかがいなどを簡潔に書いたら、普通は、「ご多用とは存じますが、面談の機会を頂戴できたら幸いです」「社長のお時間にいかようにも合わせますので、ご検討をお願いいたします」などとメールを終えるでしょう。

あとは、定型の「署名」が入るのが、ビジネスメールですが、私はそういたしません。

「お忙しいとは存じますが、面談の機会をいただけましたら幸いです」

「社長にお会いできるのを楽しみにしております」

などという締めの言葉のあとに、

P.S.
「○○（相手の会社の商品）を愛用して3年。もう手放せません」

「社長と一緒に仕事をする夢を見ました」

「もうすぐお誕生日ですね」

「初めてお会いしたときの感動を、今も忘れていません」

などと、相手の会社の商品や先方の人柄、ちょっとしたプライベートな出来事などを添えています。

プライベートでも親交があるのならば、

「社長好みの洋食屋を見つけました」

「熟成肉のおいしさ、社長の受け売りをしております」

「すすめていただいた○○を読み、感激しました」

「教えていただいた○○のおかげで、ダイエットに成功しました」

というような相手との関係を物語るエピソードや情報を1行添えるのもいいでしょう。


ビジネスメールの本旨がきちんとしていればこそ、こうしたP.S.が活きてきます。

相手はそこに、自分や自社への関心の深さを感じるのです。

ビジネスメールは最後まで、きっちり体裁を整えるのが当たり前という思いがあなたにあるのならば、見直してみましょう。

体裁を整えたメールでは、人の心は動きません。

相手の心をとらえるのは、ちょっとした驚きや思いがけないうれしい情報がさり気なくP.S.として、添えられたメールです。


メール本文は簡潔にまとめ、P.S.でサプライズをプレゼントする。

すると返信率が格段に上がります。

さらに、思いがけない出会いや仕事にも巡り合えますよ。

私は10年以上この1行P.S.を実践していますが、今では、

「臼井さんのメールは即、読む」

「印象に残るP.S.を拝借して使っています」

というありがたいお話をいただいています。

1行P.S.であなたのメールを彩りましょう。


余韻を演出することで、人の心が動く。

敬称で距離を縮め、時間を縮める

あなたのメールは、常にフルネームの○○○○様で始まり、定型のビジネス用の署名で終わっていませんか？

つき合いの浅い相手や社会的に地位のある方、利害関係ではるかに相手に分があるならば、それでいいでしょう。

一方、頻繁にメールをやり取りする相手やポストの高い方でもあなたに目をかけてくださっている方、気兼ねなく会話ができる方ならば、フルネームの○○○○様という敬称でメールをやり取りする必要はありません。

長年つき合いをしてきたのに、「○○○○様」では味気ない。

丁寧に接しているのはわかりますが、少々寂しい気持ちを誰しも抱くものです。

私は、つき合いが浅いうちは、相手の会社名、部署、ポスト、フルネームの○○

○様を最初に入れたメールを打ちますが、数回やり取りをする中で、まずは自分の定型のビジネス署名を省略して「臼井由妃」と表記します。

するとと呼応するように、相手もフルネームでメールを返してきます。

この時点では、ビジネス署名を使っている場合もあるのですが、「距離を縮めたい」というお互いの意思は合致している。

仲よくなれるチャンスがやってきたのは、間違いありません。

そこで、念を押すように、再度、定型のビジネス署名を使わず、フルネームでメールを送信します。すると、ほとんどの方がビジネス署名を使わず、フルネームだけのメールを返してきます。

ビジネス署名には、相手の会社名、部署、ポスト、時には自社が扱う商品の紹介なども施してあります。こうした署名をやめるだけでも、親近感が湧き好印象。ここまでくると、面と向かって会話をしているような気持ちになるだけでなく、必要最小限のことを書いても伝わるという信頼関係も生まれています。

するとメールのやり取りがスムーズになり、手間や時間の削減にもなるのです。

意味のあることはルーティン化すべきですが、誰であっても敬称や署名を変えず、つき合いが長い相手でも同じ敬称を使い続けるのは、意味のあることではありません。

敬称や署名のほうが、本文よりも分量が多いメールもありますよね。

たとえば、スケジュールの確認メールで、「11月7日（水）15時に△△でお待ちしております」と伝えるだけならば、「○○○さんへ」と、相手のフルネームと自分のフルネームだけでもいいのではありませんか？　ここでわざわざ長々と署名をつける必要はありますか？

無意識に行っていることほど、時間や手間の削減につながることが多いものです。

まずは、あなたのメールホルダーの送信済みアイテムを確認してみましょう。自分がいつもどんなメールを出しているのか。きっと発見の連続になります。

無意識のルーティン化が相手との距離を遠ざける。

「CC」が増えると生産性は下がる

「CC」がたくさん設定されたメールを受け取ると、正直に申し上げて、私は気が重くなります。

「CC」を使うのが悪いというのではありません。それだけたくさんの方がメールの内容にかかわっているのですから、滅多なことは書けない。責任の大きさを感じざるを得ないからです。

一対一のメールならば敬称や言葉遣いも相手の方にふさわしいものがすぐに浮かびますし、ビジネスメールであっても時には、ラフな物言いもできるでしょう。

しかし「CC」が設定されているメールは、担当者同士のやり取りを上司や責任者に報告する意味を持ったものが多く、それを読む人すべてにわかりやすく失礼のないように、細心の注意を払う必要が生まれます。

ですから、「ＣＣ付きメール」には手間取るのが普通なのです。

なかには、そんなことは気にせず一対一のやり取りのように「ＣＣ付きメール」に返信をする方もいるでしょう。

そういう方は相手の上司や決定権のある方の存在を意識していないのではありませんか？

ここで考えてほしいのです。

担当者レベルでは盛り上がっていた案件を記した「ＣＣ付きメール」に勢いそのままに返信したら、まとまらなかったというようなことはありませんか？

察するに、それはＣＣに名を連ねている方への配慮が足りなかった。

極端な話、「ＣＣ」を忘れ相手の気分を害するような発言や軽率な言葉遣いがあった。自社の裏話や競合他社の噂、クライアントの情報を流した……のかもしれません。

「ＣＣ付きメール」には、あなたが今考えている以上に、細心の注意と最善の配慮が必要なのです。

仮に、一対一のメールへの気配りが1だとしたら、CCが5人であれば5倍の気配りが欠かせないのです。

とはいっても、チームで仕事をする場合には、便宜上「CC」を使うことがあるでしょうし、受信したメールに「CC」が設定してあればそれを無視することはできませんよね。

私はチームで仕事をする場合でも「CC」は2人までと決めています。

かかわる人が多くても、その2人から他の方に伝達してもらうように、お願いするメールを打っています。

「CC」が設定されたメールを受け取った場合は、2人までならば全員のフルネームを返信メールの冒頭に書き、文末にはそれぞれになじむP.S.を記しています。

たとえば山崎さんというリーダーが直接のメール相手、川島課長、田中部長という方がCCに入っているならば、

「P.S.
山崎リーダーの情熱と川島課長の行動力、田中部長の決断力に支えられています」

というような一文を添えるのです。

これがあるとないとでは、メールを読んだ相手（3人）の共感や協調のレベルが違ってきます。

ここまでして「CC付きメール」は完成形になるのですから、大変でしょう。

ですから自分からは極力「CC付きメール」は打たないと決めたほうがいい。

「CC」が増えれば増えるほど生産性は下がっていくと考えるのが賢明です。

「CC付きメール」には最善の配慮が求められる。

メールの達人の3つの時短術

仕事ができる人のメールには、相手への気遣いが存在します。その気遣いは3つ。

①結論を明確に伝える
②反応は早くする
③アナログツールを併用する

順を追ってお話ししましょう。

①結論を明確に伝える

最後まで読まなければ趣旨がわからないメールは、多忙なビジネスパーソンに間違いなく嫌われます。

件名で要旨を伝え、メールの冒頭で「概要」を1行か2行で端的に伝えましょう。

件名「17日の面談」スケジュール変更のお伺い　臼井由妃

山田雅彦様

17日13時、お約束しておりましたが、大阪出張が入りました。
誠に申し訳ありませんが、

20日（木）13時、21日（金）14時、24日（月）15時

いずれかの日時で、
改めてご検討いただければ幸いです。

P. S.
山田様のご出身地の大阪で、企画を練ってきますね。

臼井由妃

また相談なのか、依頼なのか、連絡なのか。回答の要否もきちんと。相手がそのメールを即処理すべきなのか後回しでいいのか。判断材料を素早く提示するのです。

回答も同様です。イエスかノーが必要ならば、それをはっきりさせる。答えがノーの場合、長々理由を連ねたくなりますが、それは言い訳にしか受け取られませんから慎むべきでしょう。最初に結論を明確に示すことは、相手への気遣いの基本です。

②反応は早くする

先の項目で、メールの返信は一晩寝か

すこともあると記しましたが、「確かに受信いたしました」という反応は早く示します。

そうでないと、相手は不安を覚え、次の行動へと移れません。

たとえば依頼や相談のメールをいただいた際には、「依頼の件、確かに承りました。回答は明日になります。あらかじめご承知おきください」などと一報を入れます。

こうしたメールがあるとないとでは、あなたの好感度は大きく変わります。

③アナログツールを併用する

アナログとは、直接会話をするということです。メールでは伝わらない微妙なニュアンスも、会えば確実に届きます。もちろん、電話でも構いません。

メールでのやり取りは無味乾燥になりがちですが、ビジネスであろうと、相手は心ある人間です。

杓子定規なメールを送ってくる人が、会ってみたら、親しみやすい人だった。

厳しい要求を迫ってきたメールの相手と電話で交渉したら、うまくいった。

そういうことは、ビジネスの場で珍しくありません。メールに頼りがちな昨今ですが、面談や電話などアナログツールを併せて活用することも、忘れてはいけません。

仕事がデキる人は、相手の心情や状況に思いを巡らし、先回りして応える。それがメールの達人の考え方であり、働き方です。

結果、時短につながるだけでなく、豊かな人間関係も構築できるのです。

相手への気遣いが時短の第一歩。

自己満足のSNSとは即刻手を切ろう

ブログに始まり、日常の機微を投稿するフェイスブックと、私自身、「SNS」と積極的にかかわってきました。

フェイスブックでは、著作、講演、経営コンサルタントの仕事にかかわることは「臼井由妃」の公式ページで、さらに「もうひとりの臼井由妃」というページでは音楽活動に関すること、「熱海市観光宣伝大使」として熱海をPRすることなどを発信。

また以前は新刊を刊行するたびに「PRの一環」として発売日の2カ月ほど前から「フェイスブックページ」をつくり、企画決定に至るまでの裏話や読みどころなど、興味をひくような投稿を続けてきました。ホームページやメルマガよりもタイムリーに、情報を伝えてきたのです。

SNSもホームページも不特定多数が目にするものですが、SNSは、気軽にコメントができ、ファンがつけば著作や講演など、仕事にもいい影響があると思い始めたのは10年以上も前になります。

確かに、頻繁にSNSに好意的なコメントをしてくださる方や新刊の感想を自分のページに投稿してくださる方、投稿をいつもの時間にしないと「体調が悪いのですか?」と心配の声を寄せてくださる方……SNSを通じて、交流が深まったのは事実です。

こんなこともありました。

大規模な会場での、「新刊刊行記念講演会」が急遽決まり、短期間で参加者を集めなくてはいけなかった際にSNSで告知。

その投稿でシェアをお願いして、シェアしてくださった方からまた次のシェアが生まれ、何とか会場を満席にすることができました。

このときほどSNSの底力を感じたことはありません。

私がSNSにかかわるのは、著者、講演家、経営コンサルタントとしての私をより多くの方に知ってほしいからです。

私をご存じの方には、プライベートなこともときどき投稿して、より親しみを感じファンになっていただきたい。


仕事のPRとファンづくりという目的があるからです。


ですから、批判的なコメントや中傷があっても私への関心の表れだととらえ、これまで、SNSを続けてきました。

明確な目的があるからSNSに日々投稿をしているのです。


そんな私でも、原稿の締め切りや仕事の納期に追われているときには「今日はSNSへの投稿をやめておこう」と思いますし、「1日、やめたところで何の支障もない」と考えます。

疲労困憊している際には、

「目的があるから、毎日投稿しているけれど、それは自己満足ではないだろうか？」

と、疑問を超えた、虚無感のようなものも覚えます。

あなたが、理由や目的がなくＳＮＳとかかわり、何となく友だちができて、コメントやメッセージが増え、その返信や投稿などに悩まされているならば、即刻、手を切りませんか？

そんなことに忙殺されている時間を、企画書や報告書の作成、クライアントへのお礼状や電話など、やるべきことにあてましょう。

私のように目的を持ってＳＮＳにかかわっている方でも、「結果」が出ているのかを分析してみましょう。

目的のない行動を続けることほど、バカバカしいものはないですし、結果が出ない可能性が高い物事を続けるほど、私たちは暇ではないはずです。

あなたが「ＳＮＳ」を続けている目的は？　その成果は？

第4章

1週間は金曜日から始めなさい

目標を達成し続ける人の予定&計画の立て方

1週間は金曜日から始めなさい

皆さんにとって1週間の始まりは何曜日ですか？

日曜日？

それとも月曜日？

カレンダーでは、日曜日の欄が一番端っこにありますよね。でも学校や会社は通常、月曜日に始まり金曜日もしくは土曜日に終わるので、月曜日を1週間の始まりと考えている方が多いのではないでしょうか？

私の考え方から申し上げましょう。

1週間は金曜日から始まる。

「え？　金曜日ってむしろ週末じゃない？」

そういう意見はごもっともです。でも、たとえ世間の考え方とは違っていても、私にとっては金曜日から1週間が始まるのです。もう少し厳密にいうと、

金曜日から1週間を始める。

ことにしているのです。

なぜこういうひねた考えをするのかというと、もちろん時間密度を高めるためです。こう考えることで効率よく、そしてハツラツと、充実した1週間を送ることができるのです。

嘘だと思う方も、これからお話しする私の1週間の使い方を読んでいただければ、その意味がおわかりになるかと思います。いわば臼井流PDCA（Plan＝計画、Do＝実行、Check＝評価、Action＝改善）の回し方です。

まず、1週間で「何日働けるか」ということを考えてみましょう。土日をオフと考えると、仕事で使える日は5日間。普通は皆さん、こう考えますよね。

私は、そこから違うのです。

1週間は月曜日から水曜日までの3日間しかない。

こう考えて、仕事はその3日で終わらせるようにしているのです。というのも、「1週間は5日間ある」と考えると、その週の予定を考えるときに、やらなければいけない仕事を5日で割ってしまうからです。

それではいけないのか？　ダメです。この考え方だと、その週は、その週にやらなければいけない仕事に追われて終わってしまう。目先のやらなければいけない仕事しか見えなくなる。仕事に追われ、時間に追われる毎日になりかねません。

だから私は、その週にやるべき業務は、月曜日から水曜日までの3日間で終えることにしています。この間に、今やらなければならないこと、あるいは回収度の高い仕事を優先的に行います。

「回収度の高い仕事」とは、重要であり、締め切りがあり、かけた時間に対して対価が短期的に返ってくる仕事のことです。

私は、予定を組むために仕事に優先順位をつける際には、まず「回収度」をはかり、順位づけを行っています。

仕事に対する優先順位のつけ方はいろいろありますが、重要度だけでは定義があいまいで、何を先に行えばいいのか迷うことがあるからです。

もちろん回収度は、お金だけではかるわけではありません。自分（会社）にとって役立つこと、勉強になること、キーパーソンになり得る人に会うといったことは、回収度が高いと判断します。

こうして月、火、水曜日で、やるべきこと、やると費用対効果の高いことを終わらせるのです。

次は木曜日の使い方です。木曜日はなるべく、月曜日から水曜日までに行った仕事の進み具合や、仕事の問題点をチェックする日にしています。予定通りにいかなければ、何が原因なのかを早めにチェックしておきます。

この「実行➡検証」を徹底すれば、トラブルを防ぐだけでなく、仕事の納期を早めることにもつながります。

臼井流1週間ではこうして、月曜日から木曜日までの4日間を、今やらなければいけない業務の実行&検証の日としているのです。どちらかというと、自分が主体的になってやるというより、やらざるを得ない仕事を確実に処理する日、つまり「防御の日」です。

一方、金曜日は「攻撃の日」です。

私は金曜日になると、翌週の仕事に備え、資料の準備やアポイントの確認をします。

こうすることで翌週が、月曜日から「やることハッキリ、用意もバッチリ」な状態になり、1週間全体の時間密度が高まります。

私が「金曜日から1週間は始まる」といったのは、こういうことなのです。

そして金曜日にはもう1つ、大事なことをします。それは、普段は忙しくて頭が回らないようなこと、たとえば販売戦略の立案やマーケティングといった、中長期的な未来のことを考えるのです。

この金曜日の使い方が、翌週のみならず、長い仕事人生において大きな影響を与えるのです。

「ドタバタしてたら、もう金曜日。今週も早いなあ」

その週にやらなければいけないことだけに気をとられていると、あっという間に1週間が過ぎていきます。でも毎週毎週こんな調子が続くと、目先のことだけに追われて将来が見えなくなってきます。そして将来が見えないと「私は何をやっているんだろう」という不安に襲われます。そんな状態が続くと、仕事も面白くなくなります。

そうならないためにも週に1日は必ず、将来のために時間を投資する必要があるのです。この先、確かな方向に向かってステップアップするための日を確保しておくのです。

先に「忙しいときに勉強すると心にゆとりができる」とお話ししましたが、理屈はこれと同じです。どんなに多忙でも、将来のことを考える時間を確保しておく。それが、長い目で見て仕事も人生もうまくいく秘訣なのです。

金曜日には将来のことを考える。翌週に備える。

月、火、水曜日でやるべきことを終わらせ、木曜日に検証&反省をする。

この1週間のリズムをつくると、どんなにその週が忙しくても、本人のモチベーションが下がりません。自分がきちんと未来に向かって、一歩一歩積み重ねていることがわかるし、自分が来週1週間の舵を握っていると実感できるからです。

将来が見えているときには、人はどんなにつらくても現状を乗り越えられるのです。


週末はホッと脱力する日ではなく、自分のねじを巻き直す日である。

締め切りは自分で前倒しにする

かつて私には、毎月胃が痛くなる日がありました。それは15日です。雑誌に連載ページを持っていて、その締め切りが毎月15日だったからです。

原稿の枚数は10枚。連載を担当させていただいて10年。連載が終了してから、5年あまりたちますが、私にとって「15日」は締切日として体に染みついているのですね。今でも、15日が近づくとドキドキするのです。

締切日に脱稿しなければ、編集者から催促の電話がかかってくる。穴をあければ、多くの人に迷惑をかけることになる。しかし前日になっても書けず、とうとう締切日になってしまう。慌てて取りかかろうにも来客があったり、電話がかかってきたり、なかなか手をつけられず時間だけが過ぎていく……。

時間の話になると、必ず出てくるのが「時間に追われる人になるな」ということです。でも、何らかの締め切りが目前に迫り、思いっ切り時間に追われる経験は、誰にでもあることでしょう。

締め切りが守れなければ、それだけでもまずいことなのですが、時間に追われると、それに加えて普段では起こさないようなミスを犯すこともあります。

たとえば、急ぐあまりに焦りが生じてしまい、普通なら難なくこなせることもうまくいかなくなったり、トラブルを起こすのです。こんなときはますます焦り、泥沼にはまります。

取引先から月末までに商品を納入してほしいといわれているのに、納期が間に合わない。慌てて納入しようとすると、「納品先を間違える」「数量を誤る」「請求金額を間違える」といった、普段ではやらない初歩的なミスを犯してしまうものです。

私にも経験があります。何とか納期に商品を納入することができたのですが、まったく違うお得意様の納品書をつけてしまい、他に納めているお得意様の名前や価格を知られてしまった……というものです。

普通では到底考えられないようなミスを犯し、納期に間に合わないというミスに、さらなるミスを重ねてしまう。焦りが、なお悪い状態をつくり出すのです。

この手の「時間に追われる」「締め切りに追われる」「それによって二次被害が起きる」ということを防ぐ方法は果たしてあるのか。

私も日々研究中で、特効薬というものは存在しないのですが、できるだけ実践している2つのポイントがあります。

まず1つ目のポイントが、「自分で締め切りを設定する」ということです。

冒頭の連載原稿の例では15日が締め切りでしたが、これは相手から設定された締め切りです。しかし人は、他人から決められたことよりも、自分が意識した期限や問題により敏感になる性質があります。他から与えられた期限と自ら定めた期限とでは、意識にも行動にも大きな違いが出てきます。

だから私は「いつまでに……」と仕事を頼まれたら、それとは別に自分なりの期限をつくります。

そしてもう1つのポイントが、「前倒しに締め切りを設定し、それを宣言する」ことです。

相手から頼まれた締め切りより、2～3日早めの期限を目指して行動を起こすのです。そして、相手に「納期は×日ということですが、△日には納品できます」と、自分の決めた期限を宣言します。

特に、苦手な仕事や面倒な仕事など、ついつい後回しにしがちな仕事の場合には、期限通りに進めようとしても、避けたい、逃げたいという気持ちが災いして、思うように仕事を進めることができません。

そのため、私は、苦手な仕事や初めて挑戦する分野の仕事の場合には、期限をかなり前倒しに設定してそれを相手に宣言するようにしています。

締め切りを自分で前倒しにすると、「締め切りや時間に追われる立場」から「締め切りや時間を支配する側」に回るので、精神的にもアクティブな状態になることができます。

それに、自分で期日を短くすることで、否応なしに集中力が高まり、かえって能率的に仕事をすることができるものなのです。

人に追い詰められるくらいなら、自分で自分を追い詰める。

スケジュールはすべて1つに集約する

スケジュール管理といえばかつては「紙の手帳」一択でしたが、スマホやパソコンの普及で「電子機器」で管理する人も増えています。

あるアンケートによると、「紙派」は6割超、「電子機器のみ」は2割以下の数字とも。依然として「紙派」が優勢のようですが、仕事の予定は紙、プライベートはスマホと併用する人もいるでしょう。

しかし、私は併用こそ「時間泥棒」だと考えています。

会社経営をしながら国家資格の勉強をしていたときに、痛切に感じたことがあります。

それは、スケジュールは必ず1つに集約しなければいけないということです。

「仕事のスケジュール」
「勉強のスケジュール」
「プライベートのスケジュール」

これらを別個のものとしてそれぞれ予定を立て、複数のスケジュール帳に予定を書き込んだり、仕事は紙の手帳に、プライベートはスマホに書き込んでいる方もいます。

傍目からは、一見、時間管理がしっかりしているように見えますが、彼ら彼女らの多くは、実は労力のわりには時間を有効に活用できていません。

こういった人に多いのが、いくつもの手帳を持ち歩き、あるいは手帳とデジタルを併用し、スケジュールを立てること自体が仕事になってしまって、それに時間を食われていることです。

スケジュールは、1つに集約しておいたほうが何かと都合がよいのです。

単純な話、たとえば、スケジュール帳が2つあれば、どちらかをあまり見なくなるということが十分に考えられます。

仕事のスケジュールは毎日チェックするが、プライベートのスケジュールはたまに見るといったことでは、お互いの調整がうまくできません。プライベート優先で計画を立てるのもおかしいのですが、仕事とプライベートの調整を無視して計画を立てるのも無謀な行為です。

だから私は、スケジュールはすべて手帳1冊にまとめています。

月間スケジュールのページに、仕事のスケジュール、接待やつき合いのスケジュールはもちろん、趣味や遊びの計画まで書き込みます。

忙しい中で時間をやりくりするには、仕事とプライベート、すべてのスケジュールを把握しておかなければ無理です。そのためにもスケジュールは1つにしておく必要があるのです。

自分が見て、1回でスケジュールが把握できることが何よりも大切なのです。

また、よく見かけるのが「スケジュール帳には、他人と行う仕事についてしか記入していない」人、つまり自分ひとりでする仕事については、わざわざ記入していない人です。これも、全体の把握という意味ではやってはいけない行為です。

極力、自分ひとりで行える仕事も記入するようにしてください。

私はこれを「自分アポイント」と呼んでいます。

最後にもう1つ。

スケジュールは、腹八分目ぐらいで立てるようにしましょう。

なかには、細かいスケジュールを立てることが好きな人がいます。

しかしあまりにもキッチリつくり込みすぎた計画は、その通りに事が運ばなかったときに、計画と現実の乖離に嫌気がさし、挫折しやすくなります。

計画は腹八分目ぐらいに留めておく。

「必死になればここまでできる」ではなく、「確実にこなせるのはここまでだ」と計画して、確実に達成すること。このほうが、気持ちに弾みがついて時間効率もよくなります。

そして、仕事の棚卸しを定期的に行うことです。それまでの仕事を整理して、進み具合をチェックしたり、未処理の案件はどうするかなどを見極めるのです。

計画通りに進んでいないのは、何か原因があるはずです。原因を探り、分析したら、さっさと手をつけること。自分ひとりで行える仕事で重要度の高い仕事から優先的に手をつけていくのです。

私はこの棚卸しのための調達時間を、ポイントポイントであらかじめ計画に組み入れています。毎週木曜日にもできるだけそうしていますが、各月の最終日も調整日として、その月の仕事をざっと振り返る時間にするようにしています。

ひとり何役兼ねようと、スケジュールは1つにする。

書き切れない情報は付箋に

中長期の予定を管理する上で不可欠なアイテムが、手帳やスケジュール帳です。IT全盛期の今では、パソコンやスマホでスケジュールを管理する人も増えてきましたが、前述のように、まだまだ圧倒的に紙の手帳が使われているようです。

相変わらず手帳術もブームで、小型の手帳からシステム手帳、電子手帳など種類も豊富、手帳の使い方を解説した書籍や雑誌の特集も数多く刊行されています。

手帳は、安いものなら1000円程度、高額のものなら数万円もするものまでピンキリですが、基本的に人に見せるものではないので、自分が使いやすいものを選んで買うのがベストです。私が愛用しているのは、ANAから毎年会員向けに送られてくる手帳です。小さくて薄くて、見開き1カ月のスケジュール帳になっているので重宝しています（なぜか送られてこない年があるのが玉に瑕《きず》ですが）。

ここで、臼井流の手帳の使い方も紹介しておきましょう。

・鉛筆、ボールペン、太めのサインペンを使い分ける

仮の予定や、すぐに結果がわかることなどは、あとで消せるようにメモ程度の意識で鉛筆で記入します。決定事項は黒のボールペンで、大事なことは太めのサインペンでと使い分けると、優先順位も一目でわかります。

・自分でわかるマークを使う

たとえば来週の会議で参考文献Aの30ページを活用するのなら「A30参」と書いておく。あるいは、予定通りに仕事が進んだら◎、ダメなら×というチェックマークを使う。こうすれば、小さな手帳でも大事な情報がしっかり書き込めます。

人に見せる必要はないので、マークは自分でわかるものであれば何でも構いません。また、単純なマークを使いこなせるようになると、メモをとったり予定を書く時間を短縮することができます。

・付箋を使う

手帳に書き切れない情報は、大きめの付箋に書き込んで手帳に貼ります。「18時に、銀座のA喫茶店でB氏と待ち合わせをする」場合、月間スケジュールには18時とだけ書いて「銀、A喫、B氏」と付箋にメモして貼ります。これならスケジュールが変更になったときにも、上から付箋を貼って変更できるので都合がいいです。

また私は、電車の中吊りや週刊誌を読んでいて気になるキーワードや覚えておきたい言葉などが目についたら、素早く付箋に記入して手帳に貼っておくようにしています。覚えれば捨てればいいし、保存しておきたい付箋は別のノートに貼り替えれば、わざわざ書き写す手間もいりません。

付箋の活用法は、本当に幅広いのです。

・モチベーションを高める工夫をする

スケジュール帳は、予定だけひたすら書き込むと単なる味気ないカレンダーになってしまいますが、一手間加えることで、目標への情熱をかき立てることができます。

私の場合は、「○月○日　エステ」「△月△日　フレンチ」などと、自分に対するご褒美も書いておきます。それがあれば、たとえその前の3日間がきついスケジュールでも、「この3日間を乗り切れば」という気になります。

また、1カ月見開きの予定表には、曜日の都合上、必ずといっていいほど頭か最後に空白があります。ここに自分の決意を書き込んでおきます。

「最初が肝心！　臼井由妃、やるぞ！」

こんな感じです。人に見られれば恥ずかしいかもしれませんが、そもそも人に見せるものではないので平気です。

せっかく毎日持ち歩くことになるのですから、120％活用するようにしましょう。

毎日使う手帳だからこそ、見た目よりも機能重視で。

5963 ゴクロウサン
1129 イイフク
3K クサイ、キタナイ、カッコワルイ
ヒットの肝は 3K

書き切れないことは付箋に書いて貼る

金曜には来週の準備や長期的な視点に立った予定を入れる

水	木	金	土
	1 ㊤書籍企画案 8:30 先月売上げ確認 9:30 販促会議 14~ N社商談 15:30 コラム書き 16 講演準備	**2** ㊤キャンペーン案づくり 10~ 次週アポ確認 11~ 広告確認 14 取材確認	**3** ㊤ブログネタ出し 12 書店ウォーキング 15 お客様紹介 ♥ PM8~ イタリアン 文化の日
7 店舗改造 → 13 取材(STV) 16 雑誌打ち合わせ	**8** 9.10.12 仕入れ業者選び 14:30 銀行 15 商談X社	**9** 9 達成率アポ確認 11 アイデア出し 13:30 レイアウト案 17 出張確認	**10** ㊍書店巡り ♥ PM6~ ジム・岩盤浴
14 →	**15** 10 社誌確認 13~ 取材(KTV)	**16** 9~ 車中原稿 13 レイアウト確認 14~ 次週~売り出し確認	**17** ㊍展示会 かわいい、ユニーク ♥ PM9~ パーティ
21 ㊢ → 講演会 ㊙ 8:30 ㊊ 8:30~5:30 150名 Aホテル あがるな!	**22** ㊙ 13:30~ 写真どり ㊓ アポ確認 ㊢	**23** ㊍OFF 15~ 仕事モードにする 勤労感謝の日	**24** ㊍リレーブログ確認 ♥ PM4~ 指圧・エステ
28 9·10·11 来春商品ラインナップ 13·14 売り込み 13:30~㊕ 買い物	**29** 香港から来客(3名) 11:30~ 輸出事務確認 15~ 東京案内	**30** 10~ 次週アポ確認 14~ 売上目標確認 17~ セミナー準備	今日やれることは明日にのばすな! 甘えるな

空白には自分を鼓舞するフレーズを書き込む

11月
日
月
火
あと 1 カ月
ムダに過ごすな！
売上達成率93%(10/31)
♥ ごほうび
デート
友人・知人とのコミュニケーション
♪♪ カラオケ
趣味の会
㊮予定
㊢残業
㊏早朝
AM5～7
㊞午前
㊐東京駅
㊕羽田
㋫フランス料理
㊥中華料理
㊡ボー
基本的にボーっとする
自分でわかる記号をつくる
ボーっとする日は月に2回は設定したい
4 ㊡ボー
8~ 明日シミュレーション
5 ㊏来年発売書籍企画
9 販促打ち合わせ
13 パンフづくり
19 B社商談
6
14 レイアウト打ち合わせ
18 A社商談
11 ㊞掃除 ㊐♪♪
♥ PM2~ 映画
12
㊐ 9
㊅ 13
大商談
14·16 京商談
13 出張
原稿80枚
PM7~9
13 ランチミーティング
16·18 営業
18 ㊡ボー
熱海
19 8 朝食会議 11 商工会
㊮食事会 5名
㋫or㊥
20 ㊏ストレッチ プール
9 パッケージ打ち合わせ
11·13·15 A·L·K商談
25 ㊐♪♪
♥ PM7~ 同期会
26
★ 笑顔 決めゼリフ イチ押し商品
13^30~14 DM書き
27 テレビ収録
PM9~ 打ち上げパーティ

三日坊主を撃退する方法

どんなにしっかりとしたプランやスケジュールを組み立てても、実現できなければ机上の空論、単なるカレンダー遊びです。そして、スケジュール通りに目標を実現できない最大の敵は、実は自分自身の中にあるのです。

「来月までに新規事業のプランを考える」

「これから毎週末、勉強会に出席する」

「今年こそダイエットで体重5キロ減を達成する」

こう決意してスケジュール帳に落とし込むまでは誰でもできます。でも数日したらトーンダウンして、結局「ああ、そんなことも考えてたよねえ」と終わってしまう人も多いのではないでしょうか。いわゆる「三日坊主」です。

三日坊主は大昔から人類の敵で、これを撃退する方法がたくさん考案されてきました。

・目標は、期限を区切って「何を」「どのくらい」を明確にする

・紙に書いて目につくところに貼る。貼り紙はずっとそのままにせず、1カ月に一度くらいの割合で貼り替えて、より意識を高める

・貼り紙に書いた目標を、大声で気合を入れながら日に何度も読み上げる

・目標は、1日に何度も目にする手帳やバインダーなどに書いておく

こういった方法は、ごもっともです。

でも現実的な話、これで解決するなら苦労はしないですよね。

というのも、よほど自分に厳しく、自分を律することができる人でなければ、これらを実行することができないからです。

では、自分に厳しくできない私のような人間は、三日坊主を撃退できないのでしょうか。そんなことはありません。助っ人の力を借りて、一緒に撃退してもらうのです。

どうするかというと、周囲の人に自分の目標を宣言するのです。宣言する相手は、

叱咤激励しながらやる気にさせてくれる人がベストです。たとえば、同僚や友人が考えられますね。

子供のいる人は子供に目標を宣言しましょう。子供に約束したことが守れなかったら「お父さん（お母さん）は嘘つきだ」と白い目で見られ、親の面目が丸つぶれです。

それでも怠けグセが心配だという人は、あなたが失敗したらこっぴどく罵倒されかねない人に宣言するのがおすすめです。私は「大物さん」と呼んでいますが、あなたが尊敬する人や業界のボスなどに目標を宣言してしまいます。

自分をいい意味で追い込んで、行動せざるを得ない状態にしてしまうのです。

私が資格試験に短期間で予定通りに合格できたのも、大物さんに宣言したからです。会社の顧問弁護士の方が、実は弁護士会の偉い先生なのですが、その人にこう宣言したのです。

「私、宅建と行政書士、1回で合格してみせます。合格したら何かご褒美をください」

そして、わざわざ先生の手帳に、私がそう発言したことを書き残してもらいました。

ここまで高らかに宣言した以上、もう後には引き返せません。私は遮二無二、勉強をして、無事1回で合格しました。

そういえば、亡き佐藤富雄先生も私にとっては「大物さん」でした。佐藤先生は、医学博士、理学博士、農学博士の学位を持つスーパーマンで、ビジネス書でも何冊もベストセラーを出されている大先生です。

まだ経営者として駆け出しの頃、そんな憧れの方に向かって私は宣言しました。「私も本を書きます。いつかは先生が出された出版社から、私も本を出版します」

そして、佐藤先生が多くの本を刊行された出版社から本を出すことができ、大変感慨深いものがありました。その後、佐藤先生の娘さんの結婚式で「あの日の宣言、覚えていますか?」と聞いてみたところ、先生は「覚えてますよ」と答えてくれました。

こうした「大物さん」たちの力を借りることで、私は三日坊主を撃退し、予定通り自分のやるべきことをやり続けることができているのだと、つくづく思います。

大物さんを見つけよう。できるできないはともかく宣言してしまおう!

明日の時間密度を高める3色マーカー活用法

「事前の準備が、本番の時間密度を高くする」と前述しました。これは、スケジュールやプランにも当てはまる話です。来年を充実した年にするには、来月を充実した月にするには、来週を充実した週にするには、あらかじめそれぞれのスケジュールを考え、計画的に行動する必要があります。

同様に、明日を時間密度の高い充実した日にするためには、明日のスケジュール、明日の予定を立てる必要があります。誰といつ会うのか、どういう仕事をどのタイミングでするべきなのか、明日の予定が決まっていなければ、当日になって時間を有効活用しようと思っても無理なのです。

退社時間になったら仕事は終わりとばかりに頭の電源を切るのではなくて、最後に明日の予定を組み立てる一工夫が、明日の時間リッチと時間貧乏の差となるのです。

「明日の予定くらい、だいたい考えているよ」という人が多いかもしれませんが、時間リッチを目指すのであれば、「だいたい」ではなく「しっかり」と考えて、時間密度の高い明日を迎えたいものです。

ここで、私が実践している方法をご紹介しましょう。

まず、明日しなければいけないことを、すべて紙に書き出します。誰かと会うとか会議があるとか、相手や時間が決まっていることだけでなく、先ほどご紹介した「自分アポイント」、つまり自分ひとりでする仕事もすべて書き出します。

たとえば、とある日に私が書き出した項目は、次のようなものでした。

①講演会主催者と打ち合わせをする
②エージェントと電話で打ち合わせをする
③講演会参加者へ質問カードを配布する
④出張の切符を手配する
⑤ＡＴＭでおカネを下ろす
⑥明日の会議の準備と資料作成を行う

⑦連載誌の原稿チェックをする
⑧得意先へお土産を手配する
⑨自己啓発のために書籍を購入する
⑩9月の売り上げ目標を立て、資料を作成する

こうして思いつく限りすべて書き出したら、次はこれを3色のマーカーで分類します。

・赤……優先順位が高いもの（相手があって時間が固定されている用件。急ぎの用件）
・青……優先順位が低いもの（特に急ぎではないもの。自分ひとりでもできるもの）
・緑……スキマ時間にできるもの

①、②、③は、相手のある仕事であり、相手優先の時間設定になるので、赤。
⑥、⑦、⑧、⑩は、自分ひとりでできる、あるいはじっくり取り組む仕事なので青。
④、⑤、⑨は、すぐにできる、いつでもできる仕事なので、緑。

こうして3色で分類すると、明日やるべき仕事の優先順位や1日の流れ、自分の置かれている状況などが、はっきり見えてきます。

そして明日の予定表には、まず「赤」を書き入れます。「赤」の仕事は時間がすでに決まっていることが多いからです。そして残された時間に「青」の仕事を埋めていくのです。

「緑」の時間は、特に書き込まなくても構いません。一覧のリストをつくっておけば、それこそスキマ時間にこなしていくだけで大丈夫です。「青」や「赤」の予定を入れる際に、時間に少し余裕を見ておけば、スキマ時間は必ず出てくるはずです。

こうして明日するべきことを書き出して色分けするようになってからというもの、仕事の進め方が悪くて二度手間になったり仕事に振り回される時間が大幅に減りました。

優先順位のつけ方で、時間効率は大きく変わる。

仕事の予定は脳のバイオリズムに合わせて組む

1日の予定を組む上で、ぜひ考慮したいことがあります。

それは脳の働きです。

脳には一定のバイオリズムがあります。1日の中でも、脳が活性化する部分は時間によって異なるのです。

こういった生理的な特性を理解して、それに合わせてスケジュールを考え、実行すれば、より効率よく質の高い仕事ができるのです。

といっても、何も難しいことはありません。

一言でいうと、午前と午後とでは、向き不向きの仕事があるということ。ただそれだけのことです。

まず午前。午前は、脳の中で前頭連合野の機能が高まる時間帯です。前頭連合野とは、思考したり計画をする部分です。

ここが活発になるということは、午前は、論理的な思考力が求められる仕事や情報を処理する仕事をするのに適しているということです。

一方で午後は、交感神経が活発に活動する時間帯です。交感神経とは、外界からの刺激に反応する神経です。

つまり午後は感情がよく働く時間帯なので、打ち合わせなど人とコミュニケーションをとる仕事をするのに適している時間といえるのです。

もっとも、人は生き物なので、いつもこのパターンを刻むとは限りません。体調や気分によっては、どうしても頭が働かない日もあります。

脳は、外部環境の影響や、その人のバイオリズムの波の影響を受けるので、いつも一定の機能を果たすわけではないということです。

でも、一般的な脳の働きを知っておき、それを利用して予定を組むことは、自分のパフォーマンスを最大限に引き出し、時間を有効に使う上で、無駄なことではありません。

私は、この脳の機能を踏まえて1日の予定を考えるようにしています。

具体的には、前頭連合野の機能が高まる午前中は、企画書の作成や販売戦略を立てるといった仕事を入れ、交感神経が活発になる午後には、人との打ち合わせを中心に入れるようにしています。

自分のことをよく知ると、もっとパフォーマンスがよくなる。

寝る前の「ながらシミュレーション」で翌朝の準備

明日の仕事効率を上げるとっておきの方法があります。明日やることのシミュレーションです。

私は夜寝る前に、翌日身につける洋服やバッグ、アクセサリー、仕事で使う書類などをあらかじめ準備しておきます。

そして天気予報をチェックして、翌日の天候によっては、利用する交通機関を変更したり、洋服を変えたり、工夫をしています。

これらの準備やチェックは、忘れ物や遅刻を防ぐという目的の他に、もう1つ目的があります。

洋服をクローゼットから出したり、書類をファイルにとじながら、頭の中で明日やることをシミュレーションしているのです。

翌日出会う人や待ち合わせの場所、その際に交わす言葉などを思い描いて、自分の中でシミュレーションします。

「苦手なお客様に面会するなら、気後れしないように、第一声は相手の目を見て語尾をはっきりさせよう」

「年配のお客様に会う場合には、ゆっくりお話ししよう」

頭の中でイメージしたことを、実際に声に出す場合もあります。

そして、特に翌日に苦手なことを実行する場合は「自分は必ず成功する」と頭に意識させます。

たったこれだけのことでも、寝ている間に「必ず成功する」という気持ちが頭にしみ込んで、潜在意識が動いてくるのです。

すると、朝、目覚めたときには、こういう話し方をしたらどうか、こう行動するのはどうかと、次々にアイデアが浮かんできます。

明日の仕事の準備をしながらシミュレーションをする習慣は、翌日の時間密度を高める習慣であり、ひいてはその人の一生の時間密度を高める習慣になるのです。

事前の準備に勝るタイムマネジメントはない。

第5章

考えるのは15分でやめなさい

仕事が速い人の考え方&発想法

15分以上考えるのは時間の無駄

あなたには、時間が多くかかっただけなのに、それだけで「何かを成し遂げた」と満足感を覚えてしまった経験はないでしょうか？

私たちは、ときどき「時間の錯覚」に襲われることがあります。それは、短時間で仕上げた仕事よりも、時間をかけた仕事のほうが優れていると感じてしまうことです。これは、1000円払って食べる料理より5000円払って食べる料理のほうが、実は同じ料理であってもおいしく感じるのと、同じ感覚かもしれません。

もちろんこれは錯覚です。そして、時間をかければいい仕事になるというのも錯覚です。

実際には適切な時間内で仕上げた仕事のほうが、長くかかりすぎた仕事より質が高いのです。

かけた時間と成果は比例しません。
たとえそれが「考える」という大事な作業であろうとです。

私は、何かを考えるときには15分と時間を決めています。まだ考えの整理がついていなくても、新しいアイデアが浮かんでいなくても、15分以上長考することはしません。これは私が仕事をする上で、もっとも重視しているルールです。

15分という時間を長いととるか短いととるかは、人により異なるでしょう。私にとっては、この15分という長さは、物事を集中して考えられるちょうどいい長さなのです。

これ以上長く考えても、集中力は切れるしストレスも増えていくから、いい結果が出る可能性は小さい。つまり時間の無駄になるのです。

だから、考えるのは15分でやめて、そこで仕切り直すのです。

何事につけ、何時間でもかけて考え抜いてから決断する人がいます。人によりけりかもしれませんが、私が経営者として15年間、実体験で学んだ結論からいうと、それは時間の浪費に終わることが多いようです。

長時間考え抜き、苦しみ、もがき、悩んだ末に出した決断には、その人の思いが乗り移ります。そして、苦しみが乗り移ったプランや商品は、えてして受け取る相手にとって重荷となります。むしろ、こねくりまわして下した決断よりも、インスピレーションを得てパッと下した決断のほうが、何倍も成果が出るものなのです。

だから私は、原稿の執筆をするときにも、ノッてる日にはパパパッと一気呵成《いっきかせい》で書き上げてしまいますが、15分経過しても筆が進まないようであれば、パッと作業を中断してしまいます。

もともと「ノリでさっさとできる日」と「全然ノらない日」の差が激しい性格なので、たとえ書くテーマが決まっていても、ダメな日はダメなのです。何本も鉛筆を削って、その間に意欲をかき立てるといったことは私にはできません。そんなことをするのは本当に時間の無駄なのです。

ところで「15分で決断できれば世話はないよ。できないから長い時間をかけてるんじゃないか」という方もいると思います。もっともなご意見ですので、私が実践している短時間思考術、短時間決断術についても紹介しておきましょう。

用意するのは、クローズド・クエスチョンとオープン・クエスチョンという2種類の質問です。

これをクローズド➡オープンという順に自分自身にぶつけ、自問自答するという単純な方法です。

クローズド・クエスチョンとは、

「あなたはこの企画がやりたいですか？」

「商品開発のための資金は十分用意されていますか？」

といった、答えはYESかNOかのどちらかになる質問です。

オープン・クエスチョンとは、

「この企画でどんなターゲットを狙いますか？　コンセプトは何ですか？」

「商品開発のための初期費用はいくらですか？　広告宣伝費はどの程度ですか？」

「運転資金はどうするのですか？」

といった質問です。これは、自分の考えや抱えている問題点などを、ある程度理解していなければ答えられません。

私が何かを考えたり決断をする場合には、初めにクローズド・クエスチョンで自分に問いかけます。YESかNOかは即座に出るはずだからです。そしてもしこの段階で迷っているなら、それはやめたほうがいいでしょう。無理にＹＥＳと答えても、次のオープン・クエスチョンですぐに答えに詰まるからです。

ビジネスの交渉では、有能な人ほどオープン・クエスチョンを相手にたたみかけてくるものです。そういった状況を想像して、自分にオープン・クエスチョンをぶつけてみてください。そうすれば、自分の決断がどの程度のものか、ミスはないかが理解できます。オープン・クエスチョンは決断を完璧なものにし、成功を導く足がかりにしてくれるのです。

整理すると、こういうプロセスということになります。

①クローズド・クエスチョンで、ＹＥＳかＮＯかを即座に出す
②15分をリミットに、自分にオープン・クエスチョンを出し続ける

そして15分後、もしＹＥＳであれば、オープン・クエスチョンで浮き彫りになった問題点を改善するために、即行動を起こします。すぐに行動することを習慣にしておかないと、せっかくの15分の決断も効果が半減です。仮にＮＯとなれば、現状で決断

してもうまくいく確率はきわめて低いと解釈し、頭を切り替えて次の仕事に臨めばいいのです。

難問になればなるほど、決断に手間取ったり先延ばしにしたりしがちですが、いつまでも心にモヤモヤを留めておくことはまったくプラスになりません。難問であっても、YESかNOかをスパッと決断し、なぜそれを決断したのか論理的に自問自答していく。このほうが、最善の決断が見つけやすく、決断後の仕事も楽になるのです。

「決断は15分でする」ことを習慣にすれば、経営者として致命傷にもなる優柔不断を直す効果もあると同時に、集中力がつきます。さらに15分という時間で、いかに多くの仕事ができるかということにも驚くはずです。

椅子に座り、産みの苦しみを味わうように考え込むだけが、決断ではありません。かけた時間に満足することは、自分の時間を殺していることになるのです。

頭の切り替え上手が時間上手になる。

6割できたところで必ず見直す

どんな仕事にも、タイムリミットというものがあります。ですから、準備不足でも自信がなくても、仕事をスタートさせなければならないことがしばしば起こります。

しかし、完璧に準備が整わないと仕事が始められない人や、「とりあえず」ということを好まない人も大勢います。あらゆる資料を読み、チェックをし、これならば失敗しないと自分を納得させなければ動かない人たちです。

こういう人たちは自らを「慎重派」だと評価していると思いますが、私はそうは思いません。本人のやる気のなさの言い訳であり、単に優柔不断なのだと思います。

本気で何かを成し遂げたいと願う人ならば、まだ準備が整っていなくとも、とりあえずスタートさせてしまう、「見切り発車」するくらいの気合が必要です。挑戦してみると、案外簡単にできた、思った以上に成果が出たということは多々あります。

それにもし失敗に終わったとしても、その経験が残り、経験は次の行動へのステップになります。失敗の原因を分析し、反省すれば、何が足りなかったから失敗したのかがわかります。それに、いくらスタートする前に「あーでもない、こーでもない」と想像しても、失敗するときはするものなのです。

とりあえず動いてみる。いいと思ったら、素早く動く。

じっくりと万全を期そうとするよりも、こういった人のほうがはるかに成功に近づくのです。そもそも「万全を期す」「完璧に備える」という考え方は、時間を有効活用する上では捨てる必要があります。私は、何をやるにしても最初から完璧を目指さないことが、仕事をスムーズに進めるコツだと思っているのです。

「やるからには万全の状態で」という人がいます。万全を目指して行動したいのはわかりますが、実際は何事につけても、行動するうちに問題点が浮き彫りになるものです。それを解決したら、また次の問題がやってくる。仕事は、その繰り返しです。走る前に完璧を求めるのは不可能であって、走りながら完璧を目指すのです。

そしてしばらく走ったら、ひとまずよしとする段階（6割ぐらいの実感度）で、一旦その仕事やプランを見直してみるのです。たとえば人に頼まれた仕事であれば、そこで一旦相手に振るのです。そうすれば、最後まで仕上げて相手に渡した仕事が、「解釈が違う」「こんな内容は要求していない」と突き返されることもなくなります。

やり直しのために余計に時間をとられることもなく、自分にとっても相手にとっても時間の節約になるのです。

私もかつては、細かいことを気にして、準備万端整わないと始められない怠け者でした。そして時間がたてばたつほど「失敗したらどうしよう」「いいや、絶対失敗する」「やめたほうがいい」とネガティブに考える小心者でした。

そんな私が、いかにして見切り発車できる行動力を身につけたのか。誰でも実践できる、2つのノウハウをお教えしましょう。

1つは、「今、動かないとチャンスを逃すのではないか」「あのとき動かなかったから、自分はみすみすチャンスを逃してしまったのではないか」という視点を持つことです。「他の誰かがそのチャンスを持っていってもいいの？」と考えると、人間は不思議なもので「それはダメ！　特に○○さんには持っていかれたくない！」と考えるものです。生々しい話ですが、お金にからめて考えると、さらに効果的です。

もう1つは、言葉で自分の背中を押してあげることです。「私だったらできるよね。できるできるできる」と3回唱えるのです。女性の場合はコンパクトケースを常に携帯していると思いますが、鏡で自分の笑顔を見ながら唱えてください。

唱える場所も、誰もいないトイレよりは、人がたくさんいる喫茶店や駅のホームなどが効果的です。「え？　何この人？」という顔をする人もいるかもしれませんが、不思議と恥ずかしいことなんてないのです。むしろ心地よいくらい。

だってあなたは、みんなが休んでいるときに、スタートの一歩を踏み出そうとしているのですから。このちょっとした優越感は、「まだ準備が整っていないからやめておこうかな」という弱気な気持ちを吹き飛ばしてくれるでしょう。

武器を手に入れてから走るのでは遅い。走りながら武器を拾え。

「モノマネ」で時間効率を上げる

時間を節約する、時間を効率よく使うためには、人の力を借りることを避けて通ることはできません。そして人の考えやアイデアを拝借することも、ルールを踏み外さなければ、時間を有効に使うためには大変効果的な手段となります。

名刺にこそ書いていませんが、私には発明家という肩書があります。

私が経営していた会社で発売していた商品の多くは、私の発明品です。その会社は主に健康器具を扱っていたのですが、ある商品は通販を中心に40万個以上の販売実績を誇る大ヒット商品となりました。

そしてそれらの発明品はいずれも、苦節何十年の研究で生まれたという代物ではありません。全部、短期間で世に送り出しました。

なぜそんなことが可能なのかというと、人の考えや知恵を、つまり人の時間を拝借させていただいたからです。私の初の発明だった先ほどの健康器具も実は、新聞の家庭欄で見た商品を参考に、改良して、見ためをよくした商品なのです。

モノマネをするなんてとんでもない、自分のポリシーに反する！

こういう人もいるでしょう。でも、プロセスはモノマネでも、オリジナルに自分なりの工夫を加えれば立派な創造であり、新たなものに生まれ変わるのです。

世の中には「画期的」とか「世界初」という言葉を好む人が多いようです。確かにノーベル賞レベルの発明や発見なら、それが求められるでしょう。

でも、私たちが仕事や日常で必要とするアイデアや発想については、あまり声高にオリジナリティを主張する必要はなく、そういった考え方はかえって想像力を低下させます。

真面目な人や何事も完璧を好む人ほど、アイデアが生み出せないと自分の能力の限界を感じたり、自分が他の人よりも劣っていると思いがちです。

これは大きな間違いであり、そう思ったとたんに想像力の芽は摘まれてしまいます。

そもそも普通の人が考えつくことは、どれも誰かの発想をもとに生み出されたもの。「モノマネ」「マガイモノ」と揶揄《やゆ》するのではなく、「オマージュ」として、敬意や尊敬を持って考えてみませんか。

どんなに頭のいい人であっても、アイデアはそう簡単に生まれるものではありません。単なるひらめきは思いついても、ひらめきを形にまでつくり上げるのは至難の業なのです。そして、すべてゼロから考え出すのは、時間もお金もかかります。

しかし、他社で大ヒットした商品を徹底的に研究し、いいところはマネて工夫をすれば、たちまち「ヒットの可能性の高い商品」ができ上がります。要は、頭の使い方なのです。

臼井流ヒット商品のつくり方は、モノマネから始まります。

まず自分がヒットを狙う業界で、すでに人気となっている商品を選びます。

人気の理由は何か。使いやすさ、デザイン、色、価格……。いろいろある理由を、徹底的に研究します。そして、ほんのちょっとのヒネリを加えます。

たとえば大きさを変える、使いやすさにこだわって余計な機能を省く、商品名を覚えやすいものにするなど、誰にでもできる程度のヒネリでいいのです。

これは私が日頃行っている、時間もお金もかからない商品のつくり方です。

アイデア不足に悩む人の多くは、アイデアについて誤解しているようです。アイデアとは、画期的である必要はありません。ましてや世界初である必要もないのです。

人の時間を拝借して、自分の時間を有効活用する。

そのためにも、まずは何事もモノマネから始めてはどうでしょうか。

もちろん盗作は絶対にNGですが、他人のアイデアをベースに工夫を加え、1つの形につくり上げることは、決して恥ずべきことではなく、むしろ要領がよいことだと私は思います。

効率よく仕事をする人は、何が何でも自分の発想を使って、無から有を生み出そうと固執はしません。むしろ常にアンテナを張り巡らせて、これだというアイデアを借りようとしているものです。

「マネる」「借りる」は時間の達人になる第一歩。

お金で時間を買う

「時は金なり」という言葉があります。でも私は、お金はあとで取り返すことができても時間は取り返すことができないから、時はお金以上のものと考えています。

「時は命なり」なのです。

そして、皆さんもご承知の通り、命はお金では買えません。では、時間はお金で買えるでしょうか？　1つの考え方としてですが、私は買えると思います。

もちろん、お店で切り売りされているわけではありません。だから通常、「時間はお金では買えない」とされているのですが、お金を払うことで時間が節約できたり、時間を有効に使うことは、さまざまなシーンで可能です。これは、結果として時間をお金で買うのと同じ効果があります。

たとえば私は、仕事がたまって忙しいときには、電車を使わずタクシーで移動します。タクシーの中なら、パソコンを開いたり書類を広げたりできるので、時間を有効に使うことができるからです。周囲の雑音が気にならないので、暗記や計算など、集中して仕事を片づけるときにもタクシーは重宝します。

運転手さんによっては、こちらの都合を考えずに話しかけてくる人もいますが、そんなときには行き先と道順を伝えてから一言、「仕事を片づけたいので協力してくださいね」とつけ加えておけばいいのです。

また私は、仕事で新幹線を利用することが多いのですが、その際はグリーン車を利用することに決めています。たとえ東京から新横浜まで出かける場合でも、グリーン車に乗っています。乗車時間約18分、グリーン料金込みで3510円（ひかり・こだま）かかりますから贅沢な話です。でも、座席のゆとりがあって、疲れている際には思い切り足を伸ばし眠ることもできます。

それにグリーン車は、普通車と違って子供の泣き声に悩まされたり、走り回る音が気になることも少ないので、原稿の執筆や企画のチェックなどもスムーズにできます。普段思いつかないようなアイデアが浮かぶことも多いもの。その意味でグリーン車は、私にとっては、移動時間を有意義に使える「走る書斎」なのです。

移動手段以外にも、お金で時間を買えるケースはたくさんあります。たとえばセミナー。私は必ず有料のセミナーに参加するようにしています。参加者のレベルや会場の雰囲気が、間違いなく無料のセミナーよりもいいからです。

下手に無料セミナーに参加して「面白くなかった」「ためにならなかった」ということになると、お金を渋って時間を無駄にしたことになります。

だから私は、たとえ同じ講師の同じテーマのセミナーであっても、有料か無料かを選ぶのであれば有料のほうを選びます。これが、時間を買うということなのです。

誰でも目先のお金にはついついとらわれてしまいますが、お金を払うことで効率よく仕事ができたり、中身の濃い時間が過ごせるなら、どんと払うべきです。

お金をかけた元はとれるはずですし、それ以上のリターンが望めるはずです。

いつでも「お金で時間を買えないか？」という発想を持つ。

自分の時間価値に見合った時間の使い方をしよう

お金で時間を買う、という場面で誰もが考えることは「いくらまでお金を使ってもよいのか？」ということでしょう。

前項で、「お金で時間を買えないか？」という発想を持とうと述べましたが、かといって誰もが毎回ファーストクラスやハイヤーを利用するということは、現実的ではありません。

そこで「お金で時間を買う際の目安は？」ということになります。

その1つの基準として「自分の時間価値はいくらか？」という考え方があります。それに見合うのであれば、お金を払って時間を買ってもいいということになるのではないでしょうか。

時間価値という言葉は、私が国家資格の勉強をしているときに、資格三冠王（弁護士・公認会計士・通訳）と呼ばれている黒川康正さんの本を読んで知った言葉ですが、私の解釈としては、時間価値とは、その人の「1時間当たりの価値」と考えています。

時間価値の算出方法は「もらう報酬÷かかる時間」と、いたって簡単です。

たとえば、あなたの月給はいくらですか。

仮に30万円だとしたら、時給に換算するといくらになるか計算してみてください。1日8時間労働で、1カ月に20日間出勤すると仮定すると、時給は1875円になります。これがあなたの時間価値です。ボーナスや手当も含めれば、実際の時間価値はもっと高くなるでしょう。

この結果を、あなたはどうとらえますか。けっこういい時給をもらっていると考えられないでしょうか。一般的なアルバイトの時給は1000円くらいですから、1時間当たり約2倍ものお金（価値）をいただいていることになります。これが役付きになると、時給は1万円にもなるでしょう。

このように月給を時給に換算してみると、あなた自身の「1時間当たりの価値＝時間価値」がはっきり見えてくるのです。

そして自分の時間価値がわかれば、どこまで時間をお金で買えばいいのかということも、自然とわかってくるはずです。

また、「時間価値」を知ることは、時間をどう使えばいいか、どう過ごせば時間に見合った働きができるかを、シビアに考えるきっかけになります。

たとえば、あなたの時間価値が3000円だとしましょう。

とすると、二日酔いで、やる気のない状態で出社し、1時間を無意味に過ごしても3000円。体調を万全に整えて、得意先に提出する企画書を1時間かけて作成しても、3000円のお金がかかることになります。こう考えると、時間を大切に考えざるを得なくなります。

また、時間価値が1時間3000円の人が、1時間企画書づくりに費やすとしたら、最低でも3000円を取り戻す中身の濃い仕事をしなければならないですね。こういう感覚は、自分で時間を有効活用する上で、とても重要です。

私が数々の国家資格を短期間で取得できたのも、自分の時間価値を意識していたからです。

社長業をしながら資格を取ろうと思ったとき、周囲の人から「どうせ長続きしないでしょ」とバカにされるのがイヤで、当初は内緒でやっていました。

でも、いずれはばれるかもしれない。ばれたら「そんなことに時間を使って。あなた、自分がいくら月給をもらっている身かわかってるの？」と主人にいわれることは目に見えています。

そのときに、

「大丈夫。自分の時間価値はわかっているし、それに見合うことをしています」

と言い返せないようなら、そんな受験勉強はやめたほうがいい。

そんな気持ちで勉強に取り組み、短期間で資格を取得することができました。

時間価値を知ると、自分のすることの一つひとつについて、本当にやるべきことか否かを深く理解することができます。そして、何をするにしても「お金がかかっているんだから時間は無駄にできない」という考えに変わってくるのです。

私は、時間価値の自覚がない人には、絶えず目につくところに自分の時給分のお金を入れておきなさいとアドバイスをしています。

時間価値が1万円の人なら、仕事用のバインダーや手帳に1万円を貼っておき、絶えず意識させるのです。

「私は時給1万円!」と理解できれば、おのずと時間の使い方が変わってきます。

すべてをお金に換算しろとはいいませんが、時間価値というモノサシで自分の働きを考えることは、時間の費用対効果を理解することになります。

これが理解できない人は、一生時間貧乏で終わり、どんなに頑張っても時間リッチにはなれません。

自分の時間価値を知れば、無駄遣いをしなくなる。

デスクがベストポジションとは限らない

「仕事はオフィスの自分の机でないとできない」

こう決めつけている人は、効率よく時間を活用することはできません。どこにいても、何か仕事ができるように、情報機器や小道具を用意すれば、ちょっとしたスキマ時間を有効に活用して仕事ができるのです。

私の経験からいうと、企画を練る、アイデアを生み出すといった仕事は、机の前でうなっていても結果が出ないことが多いもの。発想力や想像力が必要とされる仕事は、人と会ったり、オフィス外での刺激がインスピレーションにつながることが多々あるのです。

そういったインスピレーションを逃さないためにも、どこでもアイデアが書きとめられるように、私は小さなメモと付箋をいつも持ち歩いています。

また、徒歩で移動中に何か思いついたときなど書ける環境にないときには、メモ帳でなくＩＣレコーダーに声で記録して、あとでメモ帳に書き写すようにしています。これは、27年間続けている習慣です。

通勤電車の中で新商品のアイデアが浮かび、車内吊りの広告から商品名を思いつく。

お昼休みに入ったカフェで手に取った雑誌が、パッケージデザインの参考になる。こうしてオフィスを離れて思いついたアイデアから、これまでに10以上の商品が生まれています。また、書籍の企画や講演のテーマといった、仕事に役立つアイデアも含めれば、私の発想の7割は机を離れて生まれているといっても過言ではありません。

仕事は机の上でしかできないと思っていると、時間ばかりか、大事なひらめきさえも失ってしまうのです。

その気になれば、どこでも、いつでも、何でもできる。

事前の助走が本番の時間密度を高くする

何事も事前の準備がカギを握ります。仕事にしろ会議にしろ、あらかじめどれだけ準備ができたかによって、本番でかかる時間効率は大きく左右されます。

時間の達人を目指すなら、仕事そのものに費やす時間を短くする。仕事そのものの時間密度を高くするために、前段階の準備を万全にすることを心がける必要があります。

私は、テレビやラジオのお仕事もよくお引き受けするのですが、お笑い芸人の方と同席することもあります。その方たちをずっと観察して気づいたことがあるのです。

それは、休憩時間にはブスッとして黙っている芸人さんと、休憩時間中にもずっとしゃべり続けている芸人さんがいることです。テレビショッピングの番組でお会いした大平サブローさんは、後者でした。ある日、一緒にいた楽屋で、それこそ収録が始まるまでずーっとしゃべりかけられたのです。

なぜカメラが回ってもいないのに、そんなにしゃべり続けるのか。聞いてみると、本番に合わせてテンションを高めておくためだというお返事でした。この楽屋でのおしゃべりによって、本番でワッと力が出せるそうなのです。

無駄にしゃべっているように見えて、実は本番に向けて助走していたのです。

人によってはぶっつけ本番で高いパフォーマンスを発揮できる人もいるようですが、大御所の芸人さんでも、事前に話し続けることでテンションを維持していらっしゃる方はいます。明石家さんまさんも、CMの間に絶え間なくしゃべり続けられていました。

あれほどの才能がある人でも、本番に向けてきちんと助走されているのですから、凡人の私たちは、何かの仕事で実力を発揮したり、時間の効率化を目指すのであれば、助走、すなわち準備が欠かせません。

たとえば会議などをするにしても、何の準備もなしにいきなり当日に全員が集まっても、いい議論が生まれるはずはありません。その場で資料に目を通して、そこから考えを整理して、みんなの意見を聞いて、思ったことをそれぞれ口にして……。これではいい結論が出ないばかりか、時間をいたずらに消費しているだけです。いくら「会議を早く終わらそう」といっても不可能です。

しかしあらかじめ、議論の材料を配布しておき、全員が自分の考えを整理しておけば、内容の濃い、しかも短時間で結論が出る会議が可能になります。

そういえば私の知人のAさんは、ダラダラ会議を防ぐために、こんな工夫をしています。Aさんの上司のB部長は、単身赴任で毎週金曜日の夜に、新幹線で家族のいる大阪に帰ります。そこでAさんは、会議を金曜日の夕方に設定したのです。

B部長が会議を仕切るのですが、自分の新幹線の発車時間に間に合わせるために、部下には事前に意見を求めたりアイデアを提案させたり、準備を整えておきます。そうすると、準備が整っていますから、会議の進行はスムーズで、終わりの時間もはっきりしていて、中身の濃い会議になるそうです。

会議の時間密度は、会議の前に決まる。

会議の時間密度を上げる7つのテクニック

「会議が多い」

「会議に時間がとられ業務が滞る」

こうこぼすビジネスパーソンは多いもの。

しかし、改善しようと動く方は少ないのではないでしょうか？

事前に会議に使用する資料の配布を行い、各自が目を通しておくのは、基本中の基本。ここで、私が行っている会議の時間密度を高めるテクニックをご紹介します。

①目的を明確にする

個人的な報告、連絡、相談ならば会議にかける必要はありません。また相談という名の「グチ」、アドバイスという名の「個人攻撃」が会議で飛び出すことがあります。

何を決めるのか？　そこがぶれては会議とはいえません。

②終了時間を短めに設定する

案件数が多いからといって、長めに時間を設定する必要はありません。「こんなに短くて議論ができるのか？」と、躊躇《ちゅうちょ》するぐらいの時間がスピーディかつ建設的な意見を生むのです。

③起立して会議を行う

会議は座ってするものだと思い込んでいませんか？　条件が揃えば、立ったままで会議を進めると、どんな難題を抱えた会議でも、有益な意見が続々と出るだけでなく、まとまるのも早くなります。これは起立することで、誰しもアクティブになるからです。それに長時間、起立するのは疲れますから、おのずと会議時間の短縮につながります。

④タイマーをセットする

会議時間が長くなる傾向にある場合には、1案件は15分で終えるというように、あらかじめタイマーをセットしておくのもいいでしょう。

最初は、タイマーの音に驚くことになると思いますが、徐々に時間短縮がはかれます。

⑤基本は「1発言1分」

報告、連絡、相談、意見、提案など、発言の種類は異なっても、「1発言1分」を会議のメンバーが意識すると、会話が横道にそれたり無駄話がなくなります。

⑥発言の流れを決めておく

「結論もしくは現状報告➡理由あるいは経過➡行動指標や改善計画提案」というように発言の筋道を決めると、集中して誰もが耳を傾けます。

会議のメンバーも自然と、同様な話し方になり、会議の時間密度が高まります。

⑦金曜日の終業間際や夕方など帰りたい気持ちが高まるときに会議を設定する

金曜日の夕方ともなれば、既婚者は家族のもとに急いで帰りたいという気持ちになっていますし、独身の方ならばデートや飲み会などプライベートのつき合いに心が向いています。誰もが仕事を早く終えたいのです。

そこにあえて会議を設定すれば、余計な話など出る間もなく、会議は終了します。

これら7つのテクニックはすぐにできることばかりです。

あなたが会議を仕切る立場にあれば、たちまち会議の時間密度を高められますし、参加者の立場でも、「基本は1発言1分」や「発言の流れを決めておく」ならば、できるでしょう。まずこの2つのポイントからでも徹底すれば、周囲も会議の進め方に注意を払い、意識が高まり「会議の時間密度」が徐々に高まっていきます。

まずは「1発言1分」から始めよう。

楽になる方法を真剣に考えると時間が増える

私はコンサルタントとしての仕事の他、執筆者や講演者として、いろいろなお仕事をさせていただいています。ひとり何役をやっているのか自分でもわからなくなることがありますが、このようにいくつもの仕事を同時にする秘訣として、「できるだけ楽をすることを考える」ということがあります。

「楽をする」

「楽になることを考える」

これらの言葉は、どことなく悪いイメージがありますよね。特に日本人は、「楽になる」ことは怠けることであり、罪悪感を覚える傾向があります。私もかつては、楽になることを考えるのはよくないと思い続けていました。

でも最近になって、時間を有効活用する上で、楽になることを考えるのは決して悪いことではないことが、少しずつわかってきました。

楽をするというと、手を抜いて仕事の質を下げるというイメージがあります。確かに、仕事の質が下がるのであれば、その行為はいただけません。でも、手を抜いて、仕事の質が落ちないのであれば、決して悪いことではありません。むしろ時間を有効に活用するためには、奨励してしかるべきです。

仕事の質を下げずに楽をするというのは、言い換えれば、生産性を高め、要領よく仕事をこなしていくということです。

今まで1時間かかっていた仕事を10分で終える。

今まで10の手間がかかっていたことを1の手間でできるようにする。

そういうことなのです。

そして、それを実現するためには工夫やアイデアが必要です。

「この仕事で省いていいところはどこだ？　無駄なところはないか？」
「人に頼める範囲はどこ？　どう頼めばキチンと仕事をしてもらえる？」
「自動的に仕事が進む仕組みをつくることはできない？」

常日頃から「どうすれば、もっと楽になるのか」と問い続け、考え続けることは、決して後ろめたいことではありません。そして、楽をすればするほど、他の仕事や新しいことにチャレンジすることができるようになるのです。

私自身、いろいろ兼ねている仕事の一つひとつについて、もっと楽になる方法を考え続けています。でないと、これらの仕事をすべてこなすことはできません。

それに私は、もっといろいろなジャンルの仕事をしたいと考えているので、なおさら「もっと楽になる方法はないか」と、常に考えて行動しています。

「時間の達人」は、どうすればもっと楽になるかを考え続ける人である。

とりあえず動けば、あとからやる気が追いかけてくる

仕事が速い人に共通するのが、とにかく動くという腰の軽さです。そして仕事の遅い人に共通するのが、優柔不断です。優柔不断は、時間リッチにとっては天敵です。というのも、何事も、時間が経過すればするほどやりにくくなるからです。

「やる気が起こるまで待つ」

これは優柔不断な人の常套句《じょうとうく》です。やる気がないまま仕事に手をつけてもろくな結果が出ない、だから、やる気が出てから着手したほうがいい。そういう理論に裏づけされた言い訳です。

しかし、「やる気」について勘違いしてはいけません。やる気とは意欲です。待っていれば訪れるものではなく、自ら喚起するものです。ですから、やる気と相談するのではなく、やる気をたたき起こさなければいけないのです。

これは、人間の脳の仕組みから考えても正しい理論です。

人の脳は、何かの行動を起こすと「作業興奮」という状態になります。この状態になると意欲が出てきて、脳の司令塔である前頭連合野の働きがよくなり、頭が冴えてきます。

つまり、「やる気が出てから仕事をする」ではなく「仕事をしたらやる気が出た」が、人間の機能的にも理にかなっているのです。やる気が起こるまで……。そんなことをいって、いつ降って湧いてくるかわからないものを待ち続けるのは、本当に時間の無駄です。

でも、そうはいっても、何から手をつけたらいいのかわからない、という人もいらっしゃるでしょう。「とりあえず動けばやる気が追いかけてくる」といっても、ピンとこないかもしれませんね。

そういう方に、おすすめしたいのが、次の3つの方法。臼井流やる気のたたき起こし方です。3つすべてを行う必要はありません。1つでもやる気がたたき起こされますから、やってみる価値がありますよ。

①BGMを活用する

大きな商談に臨む前や、地位の高い方に会うときなどは誰しも、萎縮してしまうもの。私は闘争的な気持ちが湧くように映画「ロッキー」で使われた「ロッキーのテーマ」、気持ちが大きくなるようにクラシック「英雄」などをBGMにしています。

逆にやる気が空回りしそうなときには、「スケーターズ・ワルツ」やテレビ「情熱大陸」のエンディング曲「エトピリカ」で、気持ちを落ち着かせています。

②香りを活用する

香りは、ダイレクトに脳を刺激しますから、素早くやる気をたたき起こしてくれるといえます。私はアロマオイルを活用していますが、中でもアドレナリン分泌を促すといわれている「レモングラス」、集中力を高めるといわれる「ジュニパー」や爽快感を抱く「ペパーミント」の香りを使っています。

ハンカチに少量含ませて嗅いだり、アロマディフューザーに適量たらし、その効果を実感しています。

ただし香りの好みは人それぞれですから、効果が期待できるからといって苦手な香りを無理に取り入れるのはストレスを増すだけ損です。

③自分を鼓舞する言葉を叫ぶ

自分を褒めたりなだめることは、あまりしないと思いますが、大いにするべきです。

私は毎朝、「今日もいい日になりますね」

鏡の前では、「あなたはできる人よ」

問題山積の仕事に挑むときには、「乗り越えられない試練なんてない」

など、自分を鼓舞する言葉を口にしています。

照れや戸惑いなど忘れ、自信を持って何度もいい、最後は必ず「私にできないことはない！」と叫んでいます。

これらは一例です、どんな言葉でも構いません。自分にふさわしい、しっくりした言葉を見つけてあなたのやる気をたたき起こしてくださいね。

やる気は、待つのではなく、たたき起こす。

「欲」が目標達成への時間を縮める

何か目標を定め、それを実行しようと決意しても、なかなか取りかかれなかったり、持続できないものです。その理由の1つは、モチベーションの低下です。

もともと「やる気」というのは、浮き沈みの激しいもの。前述したように、とりあえず動き、やる気をたたき起こしても、一部の意志が強固な人を除けば、「目標を達成する！」と決めたときの気持ちを持続させることは本当に困難です。たとえそれが、どんなに自分のためになる、素晴らしい目標であってもです。

「目標を達成したときの自分の姿を想像する」

「その姿を紙に書いて貼っておく」

モチベーションを維持して目標まで突き進むために、古くからいろいろな方法が語られてきました。でも、いずれも私のような意志の弱い者にとっては物足りないものでした。

そこで私は、もっと単純で、もっと効果的な方法を使って、自分を目標に向けて確実に前進させることにしています。それは、自分の「欲」を利用することです。

「これを達成したら、これを買おう」

「あれを達成したら、あれをしよう」

単純な話、こういうことです。子供みたいですよね。でも私のような欲深い人間には、これが大変効果的なモチベーション維持の方法なのです。

私が初めての発明品を開発し、1年後の販売目標を10万個としたときも、この方法を使いました。

「達成できたら熱海に別荘を買う」

俗っぽくて恐縮です。でも言い訳ではないのですが、欲をモチベーションに利用するコツとしては、人から見たらバカじゃないかと思えるほど、わかりやすく、ギトギトした欲のほうがいいということです。

「世のため人のためになりたい」

こういう欲を掲げることを否定はしませんが、少なくとも私の場合は、もっと即物的な欲を目の前にぶら下げないと、やる気が持続しません。

自分の心に素直に問いかけてみれば、目標を達成したあかつきには何が欲しい、何をしたいというのは、絶対にあるはずなので、そこで見つけたギトギトした欲を目標達成への燃料として燃やすことをおすすめします。

また、欲はただ思い描くだけではダメです。

できるだけリアルに、生々しく自分に見せつけるほど効果があります。

先ほど「熱海に別荘を買う」という欲を一例に出しましたが、このとき私は、自分にもっと切実に「欲しい！」と思わせるために、ビジュアルからも訴えかけるようにしました。

まず、雑誌から別荘の写真を探してきて、それを切り抜きました。そして目標を書いた紙と一緒に、よく目につくところに貼っておいたのです。やる気がなえたときにそれを見て、その都度気持ちを奮い立たせたのです。

上品とはいえないやり方ですが、人は基本的に欲深い生き物なので、これをモチベーションに利用することは、決して侮れない方法です。

私は、欲望は人一倍あるくせに意志が弱い人間です。気分にムラがあって、ノッているときにはわき目もふらずに行動しますが、ノらないときには、お尻に根が生えたように動きません。

私のような人間には、この「ニンジン作戦」はすごくお手軽で効果的なのです。

臼井流のやる気を刺激する方法は、他にもあります。

たとえば、目標達成までの過程で、ポイントポイントで小さなプレゼントを自分に与える「ご褒美デー」です。これも単純な方法ですが効果てきめんです。

私が行政書士の資格取得を目指していたときのことです。

当時、月曜日から金曜日までは経営者と受験生という二足のワラジを履くことになりました。しかも間の悪いことに、この頃は経営者として仕事がもっとも忙しかった時期だったのです。

当然、精神的にも肉体的にも無理をしていました。こんな状態が続くとストレスがたまって、結局何もかもうまくいかなくなると思いました。

そこで「ご褒美デー」の登場です。1週間に半日、休みの日の午後に、水泳やダンスに興じたり、読書をしたりと、思いっ切り好きなことをする「ご褒美デー」を定めたのです。

「ご褒美デーがある」と思うと、月〜金曜日がつらくても、モチベーションを落とさずにやり抜けることができます。その繰り返しが、1回の受験で行政書士合格の結果につながったと思います。

もし仮に「遊んでいる暇があったら勉強しろ」なんて考えをしていたら、私はきっと勉強に挫折して1回で合格なんてできなかったでしょう。

そんなことになれば、もちろん大きな時間のロスです。

また、「合格してから遊べばいい」と思っても、意志の弱い私のことですから、それまで我慢できなかったと思います。

ストイックに目標に向かって突き進める人は別にして、そうではない私と同じような人は、何かをやり遂げるためには「欲」を目先にぶら下げることをおすすめします。

そして、大きな欲は目標達成のご褒美としてとっておいて、小さな欲は小出しに、その過程にちりばめておくことが大切です。

小さな欲望を満足させつつ、いつのまにか大きな欲望を手に入れる。

欲望を上手に利用すると、仕事や勉強の効率が加速します。

欲という燃料は、ギトギトしているほどよく燃える。

第6章

頭がフル回転なら、時間効率はグンとよくなる！

密度の高い時間を過ごすための自分プロデュース術

食生活で頭の回転を速くする

時間を無駄なく活用し、効率よく仕事をこなし、目標を達成する。そのためのノウハウは、技術的なものから精神的なものまで多く存在します。そして、食事のとり方も実はその重要なノウハウです。食事のとり方で、仕事の効率、ひいては時間の効率が格段に変わります。

今でこそ、よく知られていますが、私は、栄養士の資格を持っていることもあり、20年以上前から食事のとり方の重要性を説き、自ら実践しています。

私が知っている範囲で「仕事のできる人」たちは、例外なく仕事と同じくらい食生活にも気を配っています。

逆に「忙しい」が口グセの忙しがり屋の人や、段取り下手な仕事のできない人たちは、外食が多く、ジャンクフードなどの栄養が偏った食べ物ですませることが多いようです。

「仕事が早く片づかないから、しっかりとした食事をとることができない」

これもある一面では事実かもしれません。でも、

「しっかりとした食事をとらないから、仕事が早く片づかない」

これも真実なのです。

私にも経験があるのですが、忙しいからといって食事を抜いたり、短時間で流し込むように食事をとると、その後、思うように頭が働かず、書類を読んでも会話をしても、集中できなかったり覚えられなかったり、心ここにあらずという感じになります。

これは、頭の働きを円滑にする栄養素である「糖質」不足が原因です。

糖質とは、米や小麦などの穀類やじゃがいも、さつまいもなどの主成分であるでんぷん、砂糖、果糖などの糖分の総称です。そして重要なのは、糖質は身体の中で一番早くエネルギーになる栄養素であるということ。

とはいっても、糖質をとると眠くなったりだるくなったりして、仕事に集中できな

いという方もいます。そういう方は、食事は「よく噛む」と、意識してください。昼食後に「ガム」を噛むのもいいでしょう。

歯は、歯根膜《しこんまく》というクッションのような組織で歯の根が覆われており、噛むことで圧力がかかり歯根膜の血管を圧縮。ポンプのように、血液を脳に送り込みます。その結果、反射神経や判断力、集中力、記憶力が高まるといわれています。

よく噛めば、眠気に襲われる心配もなくなり、これらの効果が期待できるだけでなく、口のまわりの筋肉を使うことで、表情も豊かになります。

昨今は「糖質オフ」が大流行ですが、必要以上に糖質を制限すれば、頭の回転が悪くなり、疲れやすくもなります。

「朝は時間がないから」「食欲がないから」と、何も食べずに仕事に向かう人がいますが、脳のエネルギーが不足していては、いい仕事ができるはずがありません。朝しっかりと朝食をとる時間をケチったばかりに、作業効率を落とし、結果的にその日1日の時間密度を低くしてしまうことになりかねません。

糖質以外にも、たとえばビタミンB_1、カルシウムなどが足りているのか、私は常に注意を払い、積極的に摂取するようにしています。

ビタミンB_1が不足すると、せっかく食事で摂取した糖質も分解されず、エネルギーが生まれません。それどころか、疲労物質といわれる乳酸がたまり、イライラやストレスを感じたり、息切れや食欲不振を起こすこともあります。

ビタミンB_1は、胚芽、豚肉、レバー、ピーナッツなどに多く含まれているので、私は仕事が忙しいときなど、お米は胚芽米をいただき、ナッツ類を使ったサラダや和え物をとるなど、ビタミンB_1を積極的にとるよう心がけています。

また、カルシウムには、脳や神経の興奮を鎮めて気持ちを落ち着かせ、集中力を高める作用があるので、これも積極的にとるようにしています。

一見、仕事やタイムマネジメントとは関係ないように見えますが、食事に気を配り、糖質、ビタミンB_1、カルシウムをとることは、脳の働きを活性化させ、集中力を高め、仕事の効率を上げ、結果的に時間の効率化に大きく貢献するのです。

食は人をつくり、時間をつくる。

頭だけでなく
バランスよく体も疲れさせる

疲れたときというのは、脳の回転も落ちるので、仕事の効率が悪くなり、時間密度が低くなります。こんなときには、許されるなら一度休んでリフレッシュしてから、仕切り直しをしたいところですね。でも、「今日はもう疲れたから寝よう」と思ってベッドに入ったのに、なぜか寝つきが悪く困ったということはありませんか？

特にホワイトカラーの人にいえることですが、頭を使いすぎたと思ったら、今度は体を使ってみることをおすすめします。これは、体を動かしてみて気分転換するという効果もあるのですが、本当の狙いは、頭と体の「疲れのバランス」をとるということです。

たとえば、営業戦略を検討したり商品企画を考えているときには、体はほとんど動かさず頭だけを酷使していることになります。疲労も頭に集中することになります。

こんなときに「今日はもう休んで、明日の朝にまた、スッキリした頭で考えよう」と思っても、目が冴えて寝つけず、翌朝もぼーっとしてしまうことがあります。これは、頭に比べ体があまり疲れていないので、スムーズにお休みモードに入れないことが原因です。

だから私は、そんなときは体を思い切り動かして、頭と体の疲れのバランスをとるようにします。プールに行って泳いで、体を存分に動かせば、疲れて熟睡できるし、頭と体のバランスがとれてくるのです。

頭を使ってから体を使うのではなく、たとえば新商品を考えるときなどは、散歩をしながら考えるといったように、頭と体を同時に使うのも手です。机の前に座って考え込むよりも、外に出て歩くことで考えが見つかることはよくあります。

京都の東山、若王子神社から銀閣寺に通じる水路脇に「哲学の道」という小道があります。この小道は、京都大学の教授であった哲学者の西田幾多郎《きたろう》さんが、思いを巡らすときに散歩したことから命名されたそうですが、歩いているときにいい考えやアイデアが浮かぶのは、頭だけでなく足の裏が刺激されているからでもあります。

医学の父ともいわれている古代ギリシャのヒポクラテスは「歩くと頭が軽くなる」

と同時代の人々に伝えていたそうですが、歩くことで頭が刺激され、脳の働きが活発になるという事実は、現代の脳生理学でも定説となっています。

歩きながら誰かと話し合いをすることも可能です。これについては、私が尊敬する実業家、「早稲田セミナー」創設者である成川豊彦さんのエピソードが忘れられません。

成川さんは、会議は60分で終わらせて電気を消したり、トイレにも「△分以内」と貼り紙されているほど時間活用に厳しい方です。

とある打ち合わせで私が成川さんの事務所を訪れたとき、どちらからともなく「太りました？」「太りましたね？」という話になりました。実際、お互いに運動不足だったのです。

すると成川さんが、こう提案したのです。

「少し体を動かそう」

そして急遽打ち合わせを、屋外で歩きながらすることになりました。しかも散策のスピードではなく、もはや競歩の速さで。

「臼井さんじゃなきゃ通用しないね」とおっしゃっていたので、誰にでもこういう提案をしているわけではないと思うのですが、非常に理にかなった提案だと思いました。もちろん、話し合いもきちんとできて、その後早稲田セミナーの顧問をさせていただくことにもなりました。

また散歩だけでなく、仕事の合間に背伸びをしたり軽い体操をしたりするのも、頭と体のバランスをとるのに効果的です。私も音楽をかけながら、その場で自由に体を動かす「その場ダンス」をしたり、ストレッチをすることがあります。

特別なスポーツをしたり、スポーツクラブで汗を流すことばかりが体を動かすことではありません。普段からできるだけエレベーターを使わずに階段を使う、足の裏のツボを指でゴリゴリ押したり、手の平のツボを押す、そういったことでも構いません。

集中して仕事をしたり、頭を使った後には、このように頭を使うのと同じくらいに体を使うことを考えるべきです。頭の回転を速めるためにも、積極的に体を使えば、心と体のバランスがとれ、ストレスやスランプとは無縁で効率よく仕事ができるはず。

それに、心地よい疲れは熟睡を促し健康にもつながります。

常に頭と体のバランスをとる。

毎日のパフォーマンスを落とさない睡眠術

寝る間を惜しんで仕事をする。

どうしても、というときには致し方がないことですが、これは決して「勤勉だ」と褒められる行為ではありません。なぜなら、寝不足になると当然、頭の回転も鈍くなり、高いパフォーマンスで効率よく仕事をすることができないからです。結局、時間密度が低くなります。

睡眠時間を削ることは、いってみれば、高利貸しから高い金利でお金を借りるようなもの。

その場は何とかしのげても、あとで余計に苦しくなることは目に見えています。緊急避難的に、他に手だてがないときは徹夜も仕方がありませんが、できればそれに手を出したくはありません。

私が仕事をしながら資格取得の勉強をしていたときにも、1日6時間の睡眠は必ず確保するようにしていました。6時間というのは私の場合の話であって、人によっては8時間必要な人もいるでしょう。いずれにせよ一定のリズムを保つことが大切です。

ところで私の周囲にいる仕事ができる人たちを見てみると、彼らの睡眠時間は概して少ないようです。私のように6時間眠っているという人は稀で、なかには4時間という人もいます。

では、彼らが4時間の睡眠で十分なのかというと、決してそうではありません。

というのも、夜の睡眠時間が少ない多忙な人は、必ずといっていいほど「あること」をして睡眠時間の帳尻を合わせているからです。

それは昼寝です。

睡眠時間が少なくなれば日中の仕事の能率が落ちることを、彼らはもちろん知っています。だからそんなときには、昼休みの時間に机に顔を伏せて眠ったり、カフェでうたた寝をしたりと、15分ほど昼寝をしているのです。昼寝には、ほんの15分でも眠れば疲れがずっと軽くなる効用があるのです。

　また睡眠時間は、ただ長ければいいというものではありません。睡眠時間も大事ですが、「睡眠質」にもこだわるべきです。つまり「いかにぐっすり熟睡するか」が大事なのです。

　布団に入ってすぐ熟睡できる人は、たとえ睡眠時間が少なくても疲れがスッキリとれます。一方で眠りたくてもなかなか眠れない人は、目が覚めてからも疲れがとれておらず、仕事や勉強の意欲が湧かなかったり、精神・肉体ともに不調をきたします。しかもこういった人は、眠れないことを気にして余計に眠れなくなる場合もあります。

　寝付きがよくないのにはいろいろな理由がありますが、ビジネスパーソンに多いのは、寝る前についイヤなことを思い出して、考え込んでしまうことです。

　そして、そんなことを考えていると、いつまでたっても気になって眠れませんし、眠れても熟睡することができません。

「眠れないから」といってパソコンやスマホを見る人も多いですが、これらの行動は、精神を高揚させ、より眠りにくい状態をつくってしまいます。

　寝床に入ったら、イヤなことは頭から閉め出してください。

そして、いいことだけをイメージするようにしてください。

たとえばその日、お客様からクレームを受け、対応に苦慮したとしましょう。

「いやあ大変だった。私はやっぱり、接客に向いていないなあ」

こうくよくよ考えると、いつまでも布団の中で無駄な時間を過ごすことになります。

そうではなく、次のように肯定的に考えるようにしましょう。

「クレームは顧客サービスを見直すチャンスだ。私は今日、成長したぞ」

寝る前に脳にプラスのイメージを与えると、アルファ波が出ます。そしてアルファ波が潜在意識によい影響を与えるので、よい眠りが得られるようになります。

睡眠は、体の疲れをとるだけでなく、ストレスを解消したり、脳の知識や記憶の整理を行う行動でもあります。睡眠が足りないと、心身の疲労がとれないばかりか、頭の働きも鈍くなり仕事の効率が下がります。

そのためにも寝床に入ったら、いいことだけを考えるようにしましょう。

人生のかなりの時間になる、睡眠時間の時間価値も高めよう。

気分が上がり仕事がはかどる食事法

還暦を迎えた私ですが、健康診断では、常に優等生。

老眼の兆候もありませんし、高齢者の多くが抱える「膝痛」や「腰痛」もありません。

入院経験もなし、目立つシミやしわもなし……といえば、特別な健康法を実践していると思うでしょう。でも、これといった策を講じてはいないのです。しいていえば、「19時就寝、午前2時起床」の7時間睡眠と、「夕食抜き、昼食メインの食生活」が関係していると思うのです。

ただしこれらは、私にマッチした方法であって、あなたに最適かの保証はありません。あくまで参考にしていただけたら幸いです。

「19時就寝、午前2時起床」と聞くと、「変わっているね」といわれることもありますが、陽が沈む頃合いの19時に床につくのは、自然の流れに即した睡眠の形。体に無理がかからず、私にとっては、最高の就寝時間なのです。

寝るときには携帯電話をオフにして情報ソースをシャットアウトし、照明を消し、遮光カーテンで外の光を遮断。眠る環境を整えます。そして床につけばたちまち眠りに入って、7時間熟眠。自然と午前2時に目が覚めます。

これから就寝する人もいる時間に起きるのは、誰よりも早くその日を生きて、時間の主導権を握るため。世界を支配しているような気持ちにさえなって心地よいものです。その勢いに乗じて、ストレッチを行い体にやる気を呼び込んでから、私の1日が始まります。

この時間帯は多くの人が眠りについていますから当然、仕事の歯車は回っていません。しかし私の仕事時間はスタート。メールのチェックに始まり原稿執筆、書類整理、企画書作成など。朝7時に「自家製ヨーグルトと蜂蜜漬けのナッツ」の軽食をはさんで、午前11時までにはその日のやるべき仕事を終えてしまいます。

それが心身にゆとりや達成感をもたらせ、健康に寄与していると思うのです。

この時点で「就寝まで8時間もある」のですから、やりたいことが山ほどできる！やるべき仕事を終えると、愛犬と海岸まで散歩をしたり、防波堤での海釣り、お弁当をつくって近くのハイキングコースへ出かけたりと体を動かします。キャベツの酢漬けや乳酸菌飲料、ヨーグルトやぬか漬けなど、自家製の発酵食品づくりや、喉がれや風邪予防の「大根飴」（大根の蜂蜜漬け）、釣果のアジやイワシで干物をつくったりと、食生活を彩る健康食づくりもします。

そして14時のランチを、何よりも大切にしています。

ランチは「玄米ごはん、具がたっぷりの味噌汁、青菜のお浸し、酢の物、ぬか漬け、焼き魚や煮魚」が定番。

「根野菜」は皮つきのまま、大振りにカット、ブロッコリーやカリフラワーは葉も使用。魚は一匹買いをしてさばき、骨や皮、目の周りなど、「あら」といわれる部分まで無駄なく料理をしています。

玄米ごはんや大振りにカットした皮つきの野菜は、一口30噛みを実践するため。咀嚼《そしゃく》は顎を使い脳にも刺激を与え、消化吸収もよくなりますし、素材の旨味や栄養分も無駄なくとれます。

また自家製の発酵食品は、腸を活性化して健康に役立っています。

私は、こうした食生活を30年続けていますが、咀嚼の効果ですね。記憶力や集中力は、20代の頃より冴えていますし、整腸のおかげで吹き出物やシミ、しわとは無縁。肌年齢は30代だと、胸を張れます。

こうした充実したランチをとっていますので、夕食は欲しくない。体が求めていないので、夕食を口にすることはありません。

結果、無理なく体重や体脂肪が減り、血圧や血糖値は正常値。不思議なことに、パソコン相手に目を酷使する執筆業に携わっているのに、老眼も近眼も無縁なのです。

もちろん、皆さんそれぞれの仕事や生活習慣があり、こうしたライフスタイルをそのまま取り入れるのは難しいでしょう。

それでも自然に即した睡眠、咀嚼や発酵食品を意識した食生活、夕食はとらなければいけないという思い込みを捨てるなど、考えていただけたらと思います。

食事と睡眠で心身の「老化」を寄せつけない。

「朝2時起き」で時間の主導権を握る

先に私は午前2時に起床すると、書きました。

理由の1つは時間の主導権を握り、世界を支配しているような気持ちになって心地よい。その勢いに乗じれば、すべての行動がスムーズにできるからです。

深夜の2時に、訪ねてくる人などいませんし、一般の企業の始業時間に合わせて、朝9時に携帯電話をオンするまで、外部からのアプローチがありませんから、静寂の中で集中して仕事ができます。

結果、一般企業の始業時間にはその日こなすべき仕事の大半が終わっているのです。

仕事は静寂なときに片づける。

効率的かつ意欲的に仕事を進めるための私のモットーです。

原稿執筆なら、2000文字のコラムを日中に執筆しようとすると、電話や届け物、メール、近隣の声や音などが影響して気が散り、2時間はかかります。

しかし午前2時に始めれば、30分もあれば終わってしまうのです。

4分の1の時間で事がすめば、空いた時間に、ピンときた言葉をメモしながらの読書や料理などのルーティンも行えます。

これは時間を有効に使えるだけでなく気分転換になり、次の仕事へ意欲的に取り組む力になります。

かくいう私も、34歳までは就寝は午前2時、起床は朝7時というライフスタイルを送っていました。

今とは真逆の「深夜族」で、睡眠時間は5時間ほど。常に疲労感や脱力感を覚えていました。

振り返ると、心身に無理を強いていただけでなく、何となく仕事をしている「グレーゾーンな時間」が多かったのです。

真面目に仕事をしているようで、誇れる時間の使い方をしていませんでした。それでも成果が上がっていたのは、世の中全体が好景気だったおかげかもしれません。

しかし無理が通るにも限界がありました。

顔面の神経痛やストレスからくる抜け毛、肩こりや腰痛、イライラなどの不定愁訴が次々に襲ってきました。

このままでは、自分も経営する会社もつぶれてしまう。

そこで、ライフスタイルを徐々に朝型に変えていきました。

はじめは21時就寝、朝の4時起床。

しかし就寝と起床時間だけに気をとられ、環境を整えることをしていなかったので、携帯が頻繁に鳴って睡眠を妨げられました。

それに朝4時起床では、辺りはたちまち明るくなって物音もしますから、時間の主導権を握っている感覚は覚えませんでした。

早起きすることが目的で、そこに意味を見出していなかった。

そこで就寝時間を前倒していき、現在の午前2時起きに落ち着いたのです。

午前2時起きならば、夏場であっても辺りが明るくなるまで2時間はあります。

少なくとも2時間は静寂の中で、集中して仕事が進められるのです。

この2時間は、私にとって「ゴールデンタイム」ともいえます。

「成功者は早起き」だとか「朝型人間が成功する」といった考え方が、世の中にはあります。確率から見たら、そうだとは思いますが……。

早起きをして、どんなメリットを得たいのか？

早起きをして、何をするのか？

自分なりの指針がないと、形だけに終わります。

ぜひ皆さんにとっての最適な睡眠スタイルを見つけてください。

仕事は「ゴールデンタイム」に片づける。

身についた起床時間はずらさない

睡眠スタイルを決めても、思い通りにいかないときもあります。

接待や会食などで夜にクライアントに会うことも多いでしょうし、プライベートの飲み会や趣味に夜の時間を費やすこともありますよね。

「19時に就寝するのが決まりなので、これで失礼します」なんて、冗談交じりにいっても、笑いを誘うだけで退席することはできないでしょう。ならばどうするか。

「睡眠スタイルが崩れたときは、複数回に分けてとる」のです。

「19時就寝、午前2時起床」の睡眠スタイルならば、仕事やつき合いで就寝が23時になっても起床時間はずらさず午前2時。

せっかく身についた起床時間を、壊さないでほしいのです。

早朝、起きるからこそ得られる時間の主導権を握り、世界を支配しているような気持ちは、積み重ねることで、確固たるものになります。

続ければ、集中力も瞬発力もけた違いにアップしますから、他者の影響を受けない「起床時間」は、変えないのが賢明です。

そうはいっても、睡眠が足りなければ眠気に襲われますよね。

そんなときには、ビジネスパーソンならば、昼食時間を利用して少しでも睡眠＝ブレイク時間をとることをおすすめします。

静かな喫茶店やカラオケボックスで昼食を簡単にすませ、残りの時間を睡眠にあてる。私の場合、睡眠スタイルが崩れ外出先で眠気に襲われたときにはそうしています。

フリーランスや自営業の方ならば、一仕事終えたらタイマーをセットして15分や30分の睡眠をとる。

目を閉じるだけでもいいですから、ブレイクしましょう。

ただし、これは疲労感を一時的に取り去る策であって、不足した睡眠時間を補うものではありません。

ですから、7時間睡眠が習慣の人が4時間しか睡眠がとれなかったからといって、残り3時間を分割してとるということではありません。

そんなことをしたら、仕事時間がなくなるだけでなく、フリーランスであったとしても、怠け者というイメージを周囲の人は抱くでしょう。

誰からもとやかくいわれない立場の人でも、サボっている感に苛《さいな》まれるのは間違いありません。

そこは理解して、「睡眠スタイルが崩れたときは、複数回に分けてとる」を実践してください。

目を閉じるだけでもOK。ブレイク時間をとる。

朝イチからスピードダッシュする
あの手この手

時間を有効に活用するには、何事も「すぐに行動を起こす」ことが基本です。時間がたてばたつほど、何事も手をつけるのが面倒になり、時間効率が悪くなるものだからです。

でも、どうしてもエンジンがかからないというときがありますよね。特に多いのが、朝ではないでしょうか。

「目覚めが悪くて」「血圧が低くて朝は苦手」……こういう方は、たくさんいらっしゃいます。実は私も、朝は大の苦手でした。

でも今は違います。苦手だったのは過去のことで、現在は起床時間にピッタリ目が覚め、しかも起きてすぐに行動を起こすことも苦になりません。おかげで、朝からクリアな頭で仕事をバシバシ片づけることができます。

朝が苦手だった私が、どうしてこんなに変わることができたのか。その謎を解くキーワードは「豆乳ココア」「終わらない歌」「ブランブラン」です。

何のことでしょう？　1つずつ説明しましょう。

①豆乳ココア

胃の中は、夜眠っている間に空っぽになります。つまり朝目が覚めたときは、体も頭も栄養不足になっているのです。なのに朝食をとらないと、頭が働くはずもありません。

でも、どうしても時間がなかったり食欲が湧かないときもあります。そんなときにオススメなのが「豆乳ココア」です。

豆乳の原料である大豆には、脳や神経系の働きを活発にして記憶力や集中力を強化するレシチンが含まれています。またココアは気分を高揚させるフェニルエチルアミンの分泌を促すカカオポリフェノールを主成分としており、やる気を出させます。

この2つを組み合わせた豆乳ココアを飲めば、目覚めがスッキリするだけでなく、脳の働きが活発になり朝から元気が出るのです。

②終わらない歌

疲れがたまっていてスッキリ起きられない朝には、音楽をかけましょう。目覚ましのベルで嫌々起こされるより、いい雰囲気で起床することができます。そして私のお気に入りが、ゆずの「終わらない歌」なのです。

③ブランブラン

頭と体のバランスをとることが大事であることは先に述べましたが、朝、モヤッとした頭を活性化させたいのなら、頭より先に体を活性化させてみるのも手です。

私は朝、頭がモヤモヤするときには、「ロッキーのテーマ」など勝負の曲をかけながら、うっすら汗をかく程度に10分ほど、その場で体をブランブランと自由に動かします。

腕を上げようが腰を回そうが、足を屈伸しようが構いません。こうして体を動かして全身の血の巡りをよくして、脳の働きを活性化させるのです。その後、熱めのシャワーで汗を流すのが私の習慣です。

これだけで、朝一番からスッキリとした頭と体を手に入れることができます。

この3つを実行するようになってから、朝はやる気が起きず困っていたのが、嘘のように改善されました。

朝は苦手という人は、この3つを、まず1週間実行してみてください。1週間続けられれば大丈夫。あなたも朝からフルスピードで行動できる人に変身しています。

タイムマネジメントとして、目覚めをよくしよう！

スランプは時間リッチの天敵

人は誰でも、いつも同じ調子で力を出せるわけではありません。大きい小さいは人それぞれですが、人には「調子の波」があります。そして調子が悪くなると、その人の作業能率が落ちます。

調子がいいときは、頭の回転も速く、仕事も速いものです。しかし、ひとたび調子が悪くなると、頭の冴えも失せ、何をやっても時間効率が悪くなるものです。イライラしてミスがミスを呼んだり、仕事の効率が落ちるばかりです。

落ち込む。凹む。スランプになる。

こういった「悪い調子」に陥ると時間効率が悪くなるので、時間リッチを目指すのであれば、素早く自分のメンタルを改善させる方法を知っておく必要があります。

ここで、私のメンタル復活作戦を3つお教えしましょう。

①カタチからポジティブになる

何かに失敗したことをきっかけにスランプに陥る、というのはよく聞く話ですね。でも、失敗することは決して恥ずかしいことではありません。問題なのはむしろ失敗した後の対処なのです。

「何をやってもうまくいく気がしない」

失敗すると、ついつい思考がネガティブになります。たとえば、失敗を人のせいにしたり、自分の能力や実力を悲観的に見てしまいます。これは1つの失敗を自分の手でさらに大きくしていることと同じです。

「因果応報」という考えがあります。これは、よい行いをすればよい結果が生まれ、悪い行いをすれば悪い結果を生むという考え方です。つまり失敗から抜け出せず、自分はもうダメだと投げやりになっていると、その人はいっそうダメになり、チャンスに見放されてしまうのです。

失敗を引きずらないためには、無理にでも肯定的な考え方をすることが大事なのです。カタチからポジティブになれば、中身もポジティブになるものなのです。

たとえば、言葉遣いにも気をつけます。

「ダメだ」ではなく「大丈夫だ」。
「無理だ」ではなく「何とかなる」。

言葉はその使い方によって、人の心を明るくもするし暗くもします。人生を左右するぐらいの、大きな力があるのです。そして言葉というカタチからポジティブにすることで、自分のネガティブなメンタルをポジティブに変えることができるのです。

また、同じカタチから入ってメンタルを変える方法として、笑顔をつくるという方法もあります。笑顔は普通、自然に出るものですが、練習して意図的に出すのです。

私も、割り箸をくわえて鏡の前に立って、笑顔をつくる練習をしたものです。割り箸をはずしても笑顔ができるようになればＯＫです。こうして笑顔をつくることができれば、内面の心も明るくなってくるから不思議なものです。

笑顔で肯定的な言葉を使っていると、周囲の人の反応も変わってきます。

「臼井さん調子いいね」
「元気だね」

と声をかけてきます。初めは無理につくっていた笑顔も本物になり、ツイている人というイメージが持たれるようになります。周囲にも、ツイている人が集まるようになります。ここまでくるとスランプ脱出は目前です。

②目の前の得意な問題から片づける

仕事で失敗が続いたりスランプに陥っているときにムキになって「高度な攻めの仕事」「大仕事」をするのは考え物です。それよりむしろ、小さなすぐできる仕事、目の前にある課題の中でも確実にできること、得意なことからさばいていくことが、素早く立ち直るためには効果的です。

営業が仕事ならば、苦手な人に会うよりも、自分に好意的な人に会いましょう。新規の開拓よりも現在の取引先を回りましょう。商品の企画が仕事ならば、新商品の企画書を作成するよりも、たまった企画書の整理をしましょう。

こうして確実にできることをこなすことで、「できる自分」を見つけるのです。小さな「できる」を積み上げていくと、不安はどんどん軽減され、自信もよみがえります。仕事が次から次に片づくと気分的にも明るくなるから、次の仕事にも勢いがついてどんどんはかどるのです。

③人から受けた傷は人に癒やしてもらう

なかなか立ち直りが難しいのが、人から凹まされたときです。自分の仕事で生まれたスランプやミスなら気分を切り替えて解決することもできるのですが、相手のあることだと、なかなか一筋縄ではいきません。

人によって凹まされたときは、人によって励ましてもらうのが効果的です。

これまでに私も、人並みにけっこう痛い目にあっています。仕事にまつわる人間関係がこじれたことも何度かあります。

よくあったのが、古くからの知り合いとか、主人の代からの取引先・納入業者との関係の悪化です。私は、慣習や馴れ合いがイヤなので、社長に就任してからはたびたびそれらを見直そうとしてきたのですが、そのたびに軋轢《あつれき》がありました。健全に値段交渉をして、相見積もりをとっても「先代はそうじゃなかった」といわれたものです。

しまいには「経営が悪化しているらしいよ」「事業をやめるらしいよ」と、業界に変な噂を広められることもありました。ある都市銀行が倒れたときと時期が重なり、その噂を信じた納入業者が「ダメになる前に商品を卸してくれ」と私に直談判をしてきたこともありました。

いちいち説明していかなければならない時間や労力のコストも甚大でしたが、何より精神的につらかったです。いつまでも後を引きそうなほどショックでした。

しかし私は経営者。そこで落ち込んでいる場合ではない。

そんなとき私は、自分のことを理解してくれている人に電話をかけます。当時は、IT系のビジネスをしている新進気鋭の若手経営者に、よく相談したものです。

「高い業者を切るのは当たり前」

「応援してるから」

彼らからそういってもらえると、早めに立ち直れたことを今でも覚えています。

人から凹まされたら、人に癒やしてもらうのが一番です。

気持ちの切り替えが、有意義な時間を増やす。

第7章

時間を上手に使う人のちょっとした工夫

仕事の速い人が実践する大きな時間を生む小さな習慣

なぜ腕時計をすると時間リッチになれるのか

スマホ（携帯電話）に時計機能がついているために、最近ではビジネスパーソンでも腕時計をしない人が増えているようです。でも時間リッチになるためには、腕時計を着用することをおすすめします。たったそれだけのことで大きな差が生まれるからです。

なぜ腕時計をすることが時間リッチにつながるのか？

それは、時間の感覚を身につけることができるからです。

携帯電話の場合は、時刻を見るのはここぞというときに限られますよね。時間を確認するためだけに、何度も鞄やポケットから携帯電話を取り出すのは面倒くさいものです。一方、腕時計は、ほんの一瞬だけ手首と目線を動かせば、何度でも時間を確認することができます。

つまり、腕時計も携帯電話も、同じく時を知らせる機能があるのですが、後者に比べると前者のほうが圧倒的に「時に触れる」機会が多くなるのです。

そして時に触れる機会が多いほど、ある感覚が研ぎ澄まされていきます。

あなたの体の時間感覚が、磨かれていくのです。

体内時計が、より正確になるのです。

これは、時間リッチになるためには欠かせない感覚です。

たとえば、私は仕事をだいたい30分か1時間単位で進めることが多いのですが、体に時間感覚を覚えさせると、わざわざ時計を見なくても「そろそろ本題に入らないと」とか「ここではこの話をしよう」といった段取りが自然に身につきます。

宅建の資格取得を目指して勉強していたときには、本番の試験に合わせて、

「1問解くのにかけられる時間は3分」

「見直しの時間は1分」

こういった細かい時間感覚を体に覚えこませました。こうすると、時計を気にすることなく目の前の問題に集中することができるのです。もちろん、時間配分を誤って

終了間際に大慌てという愚も犯さなくてすみます。

遅刻したり締め切りを守れない人は、時間感覚が少しズレているのです。

「この距離を歩くのには、これくらい時間がかかるだろう」

「これくらいの時間があれば、仕事を片づけられるだろう」

人は何をするにしても、時間の目処を考えるものです。でも時間感覚がズレていると、その目処も役に立たないものになり、遅刻や締め切り破りにつながるのです。

時間感覚を磨く。そのために時間をよく見る。そのために腕時計を着用する。

これを意識するだけで、あなたは時間に正確な人に一歩近づくことができます。

そして腕時計をするなら、デジタル時計よりもアナログ時計のほうがいいでしょう。デジタル時計は、そのときの時刻を知るには便利ですが、時間の感覚をつかむのには向いていないからです。

私たちが腕時計を見るのは、そのときの時刻を知るためだけではありません。あと1時間で待ち合わせの時間になるとか、その作業は10分あればでき上がるだろうとか、時間を量としてとらえるときにも時計を見ます。その点デジタル時計では、瞬時に答えが出ません。頭の中で計算をしなければ答えが出ないのです。一方、アナログ時計ならば、瞬時に時間をはかることができます。長針と短針の動きを、図形でとらえられるからです。

何事も、図形でとらえたほうが頭にすっと入ります。

ちなみに私は、ここぞという商談などのときには、セイコーの電波時計をつけることにしています。電波時計とは、時刻が絶対に狂わない時計です。

私がどうして電波時計にこだわるのか。科学的な話ではないのですが、これを装着すると、気休めですが、自分の体内時計もシャキッとするような気になるのです（何人かの友人に聞いてみたところ、意外に同意見の人が多かったのも事実です）。

時間の量的感覚がつかめるアナログ時計がいい。

パターン化で「迷いの時間」をカットする

ランチタイムにレストランに入る。退社後にカフェに立ち寄る。こうした何気ない行動の中にも、実は時間の無駄が隠されています。

あれにしようかこれにしようか、散々迷ったあげくに、友人と同じメニューを注文する。あるいは、いつもコーヒーを飲んでいるから、たまには他の飲み物を飲もうかと考え、メニューをめくってみたものの、やはりコーヒーにする。こんな経験は、あなたにもあるはずです。休日でのんびり過ごす日ならともかく、職場での昼食時や夕食をかねての商談時にメニュー選びでつまずくのは、貴重な時間のロスというもの。

私は、ランチで何を食べようかと迷うことはまずありません。というのも、いつ、何を食べるかを大ざっぱにですが、パターン化しているからです。経営者時代であれば、昼食は月、水、金曜日は宅配の玄米菜食でヘルシーに、火、木、土曜日は、手づくりのお弁当。日曜日はお気に入りのレストランでちょっとだけリッチに。

仕事でも人づき合いでもプライベートにおいても、私はできる限りの行動を「パターン化」しています。起床してから、朝イチで行う仕事までのスケジュールは分単位。講演の仕事では紺か淡いピンクのスーツ。コンサルタントの仕事では茶か黒のスーツ。男性ならば、ネクタイやワイシャツだけでもパターン化しておくと、朝の支度がスムーズになりますね。

メールの署名は「初対面の方」「顔見知り程度の方」「旧知の仲」と、3パターンを使い分けています。

こういったパターン化は、いろんな場面で早めにやるほど無駄な「迷いの時間」をなくすことができます。日常生活の中でパターン化できそうなものがあれば、どんどんやってみてください。ただし、毎日必ず決まったものという「ワンパターン」は、自分も周囲も窮屈さやマンネリ感を覚えるのでおすすめできません。

頭と時間を大事なところで使うために、他のところはパターン化しよう。

時間の達人は机の上から違う

私が考えるもっとも無駄な時間、それは探し物にかける時間です。

何かを探している時間は、本当に生産性のかけらもない時間です。むしろ、目当てのものがなかなか出てこないと、イライラするし、精神的にもよくありません。そんな気分のまま、あっという間に1時間くらい過ぎてしまうこともあります。この時間は、何ら生産的な活動をしていないわけですから、時間密度は限りなくゼロに近くなります。

それに、本来ならスッと仕事に入れるところを、探し物によってイライラと気分を害してから仕事に入ることになるので、集中力も低下し、時間効率はさらに悪化する恐れがあります。

時間を上手に使うためには、こういった時間の大敵である探し物を撲滅する必要があります。そして探し物をしないためには、基本的なことなのですが、日頃から整理整頓をしておくことが大切です。

ただし、あまり整理整頓に凝り出すと、整理&収納オタクになりかねません。こうなると「キチンと片づけること」「キッチリと整理すること」に時間を費やすという、本末転倒になりかねません。

使ったものは必ずもとの場所に戻す。

整理整頓が苦手な人は、とりあえずこれだけでも実践してみてはいかがでしょうか。

また、卓上の整理でいうと、デスクワークに費やす時間が多い人は、机の上の配置をちょっと工夫することで無駄な時間を削減することができます。

たとえば、よく使う文房具や電話、伝票類などを、手の動きに無駄が出ないようなところに置いておく。これだけでも、今後何千回とそれに手を伸ばすことを考えると、大きな時間の節約になるでしょう。

私は右利きですから、電話は左側に置いて、右側にペンとメモ帳を置いてあります。こうしておくと、電話が鳴れば左手で取り、右手でペンを握り、すぐ側に置いてあるメモ帳を取るといった具合に、流れるように作業ができます。

また、ファイルや仕事で使う書類は、手を伸ばさなくても届く範囲に、使用頻度の高い順に右から左へ並べてあります。これなら、探し物のたびに無駄な時間をかけず、無理な動きもせずにすみ、効率的に仕事ができます。

なお、デスクワークをしていると、チョコチョコとメールのチェックをしたり電話をかけてしまいがちですが、これだけでもけっこう時間をとられます。そのたびに思考が中断されるので、時間効率はガタ落ちになります。

ですから私はメールのチェックや電話などは、時間を決めて、その間にまとめてやるようにしています。

時間貧乏ほど机の上が汚いと心得る。

「スキマ時間リスト」のすすめ

取りかかっていた仕事が早めに終了した。来客が思ったより早く帰った。そんなとき、5分、10分とコマ切れの時間ができますよね。よくいわれることですが、このスキマ時間をいかに有効活用できるかが、時間リッチと時間貧乏の差になるのです。でも、意外にこのスキマ時間を有効に使えていない人が多いのです。

それはなぜか。理由は簡単です。

5分、10分で何ができるか、何をすべきかをわかっていない。

5分や10分という時間がポッとできても、何をすればいいかがわからず、何の用意もなければ、何もできません。それは当然のことです。

たとえば10分ほど時間が空いたとします。時間を無駄にしてはいけないとその場でいろいろ考え、新入社員とコミュニケーションをとることにしました。ところが、話し始めたのにすぐ時間が来てしまい、結局中途半端になってしまった。

これでは、スキマ時間を有効に利用しているとはいえません。10分とはいえ、お互いに実りの少ない、密度の低い時間を過ごしたことになります。

こういった事態を防ぐために私は、あらかじめスキマ時間に何をするのかを、リストアップしています。これが「スキマ時間リスト」です。時間の長さごとに自分が何ができるか、何をすべきかを知っておけば、とっさのときでも限られた時間を有効に使うことができます。たとえば、私のスキマ時間リストはこうなっています。

5分

・メールのチェックや電話のフォロー

メールのチェックは1日2回、始業時と終業時に行うと決めていますが、5分のスキマ時間があれば、急ぎの連絡が入っていないかをチェックしています。返信が必要な場合は、文章を考えてメールを書くには5分では足りないので、その場ですぐに電話をかけるようにしています。

また、しばらく連絡をしていないお客様や友人などへの電話も、5分のスキマ時間を利用しています。この場合、話が長引かないように携帯電話のタイマー機能をセットし、電話をかけるようにしています。

・キャッチコピーや商品名などを書き出す

キーワードを思いついたままノートに書き出します。日付、時間をキーワードの隅に記すのがポイントです。こうしておけばあとで見直したときに、どんな状況で考えついたキーワードなのかを思い起こしやすくなります。

・営業トークのシミュレーション

得意先に向かう前に、どんな言葉で話を切り出すのか、相手はどんな質問をしてくるのかなどを、あらかじめ想定して実際に声に出してみます。

得意先を訪問し、うまくいくかどうかは最初の3分間が勝負です。いい印象を持って相手に受け入れられるよう、挨拶、声の出し方など、第一声がスムーズに出るように練習をします。あがり症の私には、かなり有効なスキマ時間の活用法です。

・新聞や雑誌の新商品情報、トレンド情報をチェック

新聞をじっくり読むと、私の場合は30分ほどかかります。でも、ポイントを絞れば5分ほどでも情報は入手できます。

私の場合、商品の開発やPRの知識として、現在の流行を知ることが不可欠です。そこで新聞や雑誌の場合、新商品情報やトレンドを中心にチェックします。特に気になった情報はその場で切り抜き、日時を書いて保存します。

10分

・お礼状や挨拶状を書く

一筆箋ならば10分で3通ほどの手紙が書けます。普段はパソコンで文書を作成しますが、初対面の方への手紙や目上の方へのお礼状、バースデーカードなどは、手書きにこだわります。このほうが特別な感じが演出できて、相手も喜んでくれるからです。

・体操やストレッチを行う
仕事中に10分のスキマ時間があれば、気分転換の意味も込めて軽い体操をします。長時間パソコンに向かったり資料づくりで目や手を酷使していると、集中力が途切れます。2時間同じ姿勢を続けたら、10分の体操をはさんで次の仕事をするなど工夫をしています。

・英会話の練習やわからない言葉を調べる
10分あれば、英会話の練習や日頃から気にかかっているが理解できない言葉を調べるようにしています。まとまった時間に勉強することも必要ですが、忙しい人はスキマ時間でもいいから勉強の習慣をつけることが大事です。

「何分あれば何ができる?」という意識がスキマ時間を有効活用するカギ。

それでも「スキマ時間」を活用するな！

「スキマ時間を有効に活用すれば、仕事が効率的に処理できる」

このことは、時間管理術を説いた書籍の「鉄則」としてよく知られています。私も、前項で「スキマ時間リスト」をつくり、5分、10分を活用することをおすすめしました。無駄に過ごしてしまうスキマ時間をうまく活用すれば、スキルやキャリアに大きな違いが出る。そう考える方も多いかもしれません。

でも、本当にそうでしょうか。

「スキマ時間を活用しないといけない」という規約が会社にできたとしましょう。守らなければ昇進や昇給は消え、最悪は解雇になるとしたら……。

誰もがプレッシャーを感じ、必死になってスキマ時間にできることを探すでしょう。

しかし現実には、そんな都合のいい仕事が数多くあるわけなどありません。

結果、やらなくてもいい無駄な仕事を見つけ、「スキマ時間」を確保するために、無駄な仕事をつくってしまう。

私自身、宅建や行政書士の資格取得の際には、スキマ時間での勉強を積み重ね、目的を達成しました。スキマ時間の重要性はよくよくわかっています。

一方で、現在の「スキマ時間活用」の大ブームに、ちょっと危ない匂いを感じているのも事実です。

本人は気がつかないまま、「スキマ時間をつくって埋める」ことが目的になっている。そう感じるときがあるからです。

なぜ、自分では気がつかないのでしょうか？

私の経験からいえば、スキマ時間に何かをすれば、時間を無駄にしている罪悪感から逃れられる。スキマ時間を埋めている自分は素晴らしい、と思えるからでしょう。

「スキマ時間を無駄にしてはいけない」というプレッシャーを強く感じると、罪悪感から逃れるために、やらなくてもいいことに手を染めることになりかねません。

「スキマ時間の活用」そのものが目的になっては本末転倒です。

むしろ、その場でしかできないことに、全力で取り組むことが重要です。

たとえば、大量の資料を整理しながら企画書をつくり上げるような仕事は、自分の席にいるときでないと、やりにくいもの。

しかしアポイントを取るために電話をするのならば、オフィスにいなくても、移動中に携帯電話を使ってやることも可能です。

「その場でしかできないことは何か？」

「他の場所でもできることは何か？」

この視点を持つと、結果として、スキマ時間を自然に活用できるようになります。

私を「時間活用の達人」と評してくださる方がいらっしゃいます。

大変光栄ですが、本書を執筆するにあたり改めて現在の自分の時間の使い方を、検証してみました。

そこでわかったのは、現在の私には「スキマ時間」という意識がないこと、「その場でしかできないこと」と、「その場でなくてもできること」の見極めを素早く行い、即行動に移しているということです。

40代のうちは、スキマ時間を意識していたのに、今は意識しなくても、無駄に過ごす時間がなくなりました。

だからといって60歳の今、血眼になって仕事をしているわけではありません。

執筆に専念する日には、1時間書いたら、15分休憩。

休憩中はストレッチやお気に入りの音楽を聴きながらのコーヒータイムにしています。

そしてまた執筆に向かう……の繰り返しで、リズミカルに仕事をしています。

スキマ時間にとらわれすぎず、「その場でしかできないこと」をとっととやってしまいましょう。それが結果的に「スキマ時間」を活かす近道です。

その場でしかできないことに全力で取り組む。

1つ買ったら2つ捨てる

わが家を訪れた人の多くが、「モデルルームのようね」とおっしゃいます。

築25年を経たマンションであり、お世辞にも高級とはいいがたいですが、皆が口を揃えて「モデルルームのよう」というのは、家具や家電、小物をあれこれ配していないから。

吟味したものしか、私の家にはないからです。

ものを増やすことは、片づけ時間を増やし、自由な時間をなくす元凶になる。

ものの多さと心の豊かさは、比例しない。

30代は、ブランドの爆買いに走ったり、高級外車を乗り回していた私。

買ったものの一度も使わないバッグや洋服。通販サイトで衝動的に購入したライフスタイルにマッチしない小物、高級品だからという理由だけで手に入れた趣味の合わない家具……。

居心地の悪いものの中で私は暮らしていました。

必要だから買うのではなく「欲しい」から買う。

当時の買い物スタイルは、今思えば幼稚でした。

あのまま進んでいたらわが家は、要らないものだらけの「ゴミ屋敷」になっていたかもしれません。

衝動買いをすれば、お金を失うのはもちろんですが、手入れや収納する場所にも、お金がかかります。

ものが少なければ、手入れも掃除もラクな上に空間が生まれ、暮らしにゆとりが生まれます。

「必要なものだけを買う」と決めれば、倹約につながります。

衝動買いに明け暮れていた私が、「モデルルームのような部屋の持ち主」へと変身したのは、転居がきっかけでした。

100平米を超えるマンションを売却して、50平米あまりの部屋を選んだことで、それまでの家具や家電、小物……すべてを収納しようとしたら、冗談抜きに、立って寝るしかありません。

「私に本当に、必要なのか?」

瞬時に答えが出ないものは、売却したり人に差し上げたり、廃棄したりして処分。

それらの、合計金額を算出しました。

「えっ、こんな大金になるの⁉」

私は不要なものに手間や労力をとられ、時というお金では買えない財産を、失っていたのです。同じ轍は踏まない! もうこりごりです。

そこで新たなルールを決めました。

1つ買ったら2つ捨てる。

壊れたり古くなったりで、新たなものが必要になっても、即座には購入しません。安価にもつられません。

そのものが、いかに活用できるかが、購入する際のポイントになります。

たとえば、鍋。「蒸す・炊く・オーブン代わりになる・焼く」など多機能を有していて、修理が可能であるかが必要条件になります。

そして必要条件を満たした鍋を購入したら、今ある鍋やフライパンなどを2つ捨てるのです。もちろん少しでも、

「捨てるなんてもったいない」

「まだ使えるのに……」

そんな気持ちになれば、新品を購入しないのがルールです。

こうしたルールのおかげで、転居して15年、わが家は「モデルルーム」の状態を保っています。

ものが増えると自由な時間が失われていく。

「年間300時間」を取り戻す方法

整理整頓というと、片づけること、仕舞い込むことだととらえている方が多いのではありませんか?

それは、整理整頓ではありません。またピカピカに掃除するのも、整理整頓とは違います。

整理とは、不要品を処分すること。

整頓とは、使いやすいように自分が決めたルールに沿って整えること。

もしあなたが、整理整頓が苦手ならば、まずはこれを認識してください。

さて整理整頓のルールですが、オフィスならば手始めは自分のデスクです。

①インク切れのボールペン、②短くなった鉛筆、③汚れた消しゴム、④同僚からもらった賞味期限切れのお菓子、⑤ボツになった契約書や企画書、⑥デスクを彩るつもりで用意した写真立て、ポストカードや小物、⑦膝掛けや健康グッズ、⑧健康食品や化粧品など。現状の仕事に使わないものは、即座に処分しましょう。

不要品を処分すると、無駄な動きがなくなり、結果、行動がスピーディになります。たとえば、100の書類から1つの企画書を探す手間と、10の書類から1つを探すことを考えた場合、後者のほうが断然早くなるわけです。

自宅ならば、台所から手をつけましょう。

整理整頓が苦手な人の場合、要不要の判断がつかない傾向にありますが、台所は他のエリアに比べ、捨てるものが比較的わかりやすい場所だからです。最初に食器棚、冷蔵庫、シンク周りの順に不要品を探します。

①賞味期限切れの食品・調味料類、②古い健康食品、③使用方法が不明な品、④景品やおまけ、⑤お弁当などについていたミニサイズの醤油など、⑥ほとんど使わない食器。こうした基準で処分するだけでスッキリし、時間も空間も有効に使えます。

ビジネスパーソンが探し物に費やす時間は年間120時間ともいわれます。月に20日働くとすると1日当たり30分。「ああ、そういえば」と思い当たる人も多いでしょう。いえ、実際は、それ以上かもしれませんね。

自宅で過ごす時間も、同様だとしたら、年に300時間にもなります。

整理整頓が苦手な人、ものが多い人は時間という財産を人生から奪っているのです。

その300時間を、たとえば次のことにあててみませんか。

・資格取得のための勉強にあてる➡昇給や昇進につながる可能性が広がる
・1時間で1冊、読書をする➡年間300冊の本が読め、知識や知恵が蓄積される
・部下や同僚、取引先とのコミュニケーションにあてる➡より円滑な人間関係が生まれ、仕事の成果につながる

整理整頓で時間という財産を取り戻そう。

ゴミの居場所をつくらない

「ゴミ」とは、汚れものだけではありません。

所有しているだけで使わないものや、年に数度使うだけで場所をとるもの、思い入れはあっても今の自分に必要ないものなどはゴミです。

そう考えると、家もオフィスもゴミだらけということになりませんか。

こうしたゴミが生まれるのは、収納場所があるから。

そう、収納場所をつくってしまうからゴミが増えるのです。時代遅れのブランド品、滅多に使わない食器や文房具が存在するのも、それを入れる器があるからです。

器が大きければ人はそれを埋めようとします。

大して必要でないものを手に入れ、そこに据えるのが人間です。

ですから、「初めから器＝収納場所をつくらない」ことを心がけましょう。ゴミの居場所をつくらないのは、探し物をする手間の軽減になるだけでなく、空間や時間のゆとりを生みます。

なお、自宅やオフィスのごみ箱は大きめを選ぶのがおすすめです。

「器が大きければ人はそれを埋めようとする」心理を利用するのです。

私はダイレクトメールや不要な書類、商品を購入した際の包装紙や紙袋は、即、大きなゴミ箱へ捨てます。思い出が詰まった写真やプレゼントは、正直、処分するのをためらいますが、大きなゴミ箱を目にすれば捨てる気持ちにもなるのです。

思い出の品も、各々1つだけにして、処分しています。

思い出は記憶にあればいい。記憶は場所がいらず、好きなときに引き出せるのですから、私はその道を選んでいます。

大きいゴミ箱があるとものを捨てたくなる心理を利用。

欲しい情報だけ素早く入手する

あなたは、何のために情報を収集するのでしょうか。

集めるべき情報とは、何か。

それをあらかじめ、決めておくことが情報収集の基本です。

私は著述家であり講演家、経営コンサルタント。ですから、その業務に役立つ情報を収集しているのですが、さまざまなカテゴリーに分けています。

・不動産に関する情報
・健康法
・最新の美容法
・マネジメント

・仕事術
・時間管理
・ベストセラー

こうしてカテゴリー分けをすると、それ以外の情報に気が向くことはありません。得た情報を自分なりに整理できますし、理解も容易になります。

そうはいっても、これらの情報を毎朝、テレビやネットのニュース、業界紙などから得るのは、多大な時間が必要になりますよね。

情報収集が、即、お金を生むことはまずない。

限りある時間を情報収集に費やしてもお金になるのは、いつのことか？

あるとき、そんな疑問が湧いてきました。

そこで、情報収集にかかる時間を減らすためにカテゴリーごとに信頼できる専門家をインターネット上で3人探しました。自分で情報を取りに行くのではなく、専門家が発信する情報を比較して得るように、方針を変えたのです。

その道の専門家は、各分野の情報を整理して私に伝えてくれます。具体的には、

①SNSで専門家のブログの更新情報をチェックする
②彼らが発信している有料メルマガを見る

といった方法で朝イチに、情報収集をしています。

専門家のブログからは、その分野での新情報や改正点などを仕入れます。あえて有料メルマガを見るのは、当たり障りのないことや一般論ではない、専門家の深い視点やユニークな切り口からの情報を得たいからです。

もちろん無料メルマガにも良質なものは存在しますが、欲しい情報を確実に素早く得るには、専門家の有料メルマガは欠かせません。

時に、ウェブニュースにも目を通しますが、朝イチに行うのは、先の①②の2つです。2つを行っても、30分もかかりません。

情報収集に時間を費やすのは究極の無駄。

新聞は広告と「面」に注目する

かつては新聞といえば、「紙媒体」を指したものです。今は、保存や処分する手間、スペースがいらない。検索で読みたい記事が探せる。新聞自体を持たなくていいので外出時は便利。最新ニュースが手に入りやすい……などの理由からデジタル版の新聞を推す人も、多いのではないでしょうか。スマホやタブレットを使って紙面そのままのイメージで読む、パソコンでフラットに並んだ記事を読むなど、人によって読む形態もさまざまです。

パソコンのデジタル版で情報だけを追うことを否定するものではありませんが、私の場合で申せば、断然、新聞紙面の形で読むこと、さらに宅配で現物の紙の新聞を読むことをおすすめし、実践しています。その理由は大きく2つです。

理由の1つ目は「折り込み広告」の存在です。

宅配の新聞には必ずといっていいほど挟まれている折り込み広告。これは、地元経済の動きを知る上で格好の教科書になります。

宅地や建物の売買情報を見た結果、居所を中心とした「不動産に関するニュース」に詳しくなる。

スーパーや量販店のちらしを見ることで「物価動向」に敏感になる。

新店やリニューアルオープンなど、「地元の景気」が入手できる。

折り込み広告は、まさに身近な経済の教科書。

主婦層にしか関係ないように思われがちな折り込み広告こそ、ビジネスパーソンが見るべき情報源なのです。

理由の2つ目は「記事の重要度が明確である」ことです。

パソコンで記事を読むことは、ピンポイントで情報を得るときに欠かせません。その一方、情報（記事）がフラットに並んで見えて、重要度をはかるのが難しいケースもあります。

新聞紙面では、その情報の紙面全体に占める割合を「面」でとらえることができ、社会に与える影響やビジネスパーソンが得るべきものか否かの重要度が、即座にわかります。

たとえるならば、ネットで羅列された情報は時を秒単位で表示する「デジタルウオッチ」。新聞紙面は文字盤自体で表示する「アナログウオッチ」。デジタルウオッチのほうが便利なように思いますが、文字盤という面でとらえたほうが頭に入りやすい、理解しやすいことが多いのです。

なので、私自身は、紙の新聞派ですが、日常的にデジタル版で新聞を読む方には、スマホやタブレットを使って、紙面イメージそのままの形で読むことをおすすめしています。

そうすると、自分が気になるニュースや好きなことに関係する情報だけではなく、社会情勢や経済関連の記事、街の話題、広告など、さまざまな情報が否が応でも飛び込んできます。全体の見出しにざっと目を通し、そこから気になる記事をじっくり読んでみるといいでしょう。

そして、好みの地元紙や日本経済新聞のような経済紙、慣れてきたら、業界新聞など複数の新聞を読み比べてみることも、おすすめします。同じニュースでも、新聞社によって扱い方や伝え方などが違うことがわかり、幅広い考え方や見識が身につくからです。

「折り込み広告」「重要度が明確」ということ以外にも、ネット環境がなくてもいつでも読める、気になった記事は切り取って手元に残せるなどの理由から、私は紙の新聞を読むことを実践し続けているのです。

折り込み広告はビジネスのネタにあふれている。

文章が苦手な人でも大丈夫！「短時間書類作成法」

筆が遅い。

これは、ビジネスの現場では大きなハンデになります。

「私は作家になるつもりはないんだ」

こういってみたところで、どんな仕事にも書類はつきものです。いつまでも書くのは苦手といってすまされるわけではありません。

私も仕事上、いろいろな文章・書類を書く必要に迫られます。しかし気持ちが乗らないときは、本当に手が動きません。それならスパッと他のことをすればいいかといえば、期日が迫り、そうはいかない場合もあります。

ここで、私が実践している「短時間書類作成法」をお教えしましょう。

ポイントは「カタチから入る」です。

書類は、内容をきっちり頭で整理してから書こうとしても、できる人はできるのですが、苦手な人にすればそれは無理な話です。だから先に大枠だけ決めてしまい、あとで内容を詰めていくのです。

「走りながら武器を拾え」です。

まずタイトルだけ書いてみます。そして箇条書きでいいから、頭に浮かんだキーワードを列挙していきます。それらのキーワードは、自分が気になっている言葉のはずですから、それについて自分がどう考えているかを殴り書きしていきます。そうすると自分の思考が整理されていきます。あとは微調整をするだけ。

文章を書くのが苦手な人にとっては、思考を整理してから書いていては時間のロスが甚大です。一方、このやり方で、書いていくうちに思考を整理していけば、時間のロスを少なくすることができます。

また最近は、ワードやパソコンで書類をつくる機会がほとんどですが、手書きの書類や手紙を書くこともあります。これも文章を書くのが苦手な人にとっては、つらい作業です。文字が下手な人ならなおさらです。

残念ながら急に字がうまくなる方法を私は知りませんが、少しでも書くことが苦にならない、少しでも見た目をよくする工夫ならいくつかお教えすることができます。

たとえば筆記具へのこだわりです。

私が手書きの際に使っているペンは、メーカーも細さも決まっています。ゼブラの「サラサ0・5」です。0・4ミリでもなく0・7ミリでもなく0・5ミリです。

なぜこのペンを使っているのか。

私は資格試験の勉強時に、たびたび論文を書くことになったのですが、その際、長い文章を疲れずに書ける筆記具を探しました。それこそモンブランなど高級文具もいろいろ試しましたが、重かったり書きづらかったり、どれもしっくりきませんでした。

そして渡り歩いた末にたどり着いたのが「サラサ0・5」なのです。このペンは、ちょうど私にとって力をかけずに書けるし、滲《にじ》んだりしません。インクが手につくこともないので汚れません。

しかも心なしか、私の下手な字でもきれいに見えます。値段も100円程度とお買い得。文章が苦手な人は一度お試しください。

企画書を作成するときなど、何から書いていいかわからないときは、自分の考えや意見をスマホのボイスレコーダーやICレコーダーに録音して、あとで聞いてまとめていくという方法もあります。

自分の考えを文章にできない人でも、頭に浮かんだことをしゃべることならできるものです。

誰かに聞かせるわけではないから話にまとまりがなくても構いません。話しやすいところから話し、あとでしっかり聞いてみるのです。そして録音された言葉を文字に起こして、それを流れにそって仕上げていきます。

この方法は書類を書くスピードが速くなるだけでなく、聞いてまとめる能力を鍛えることで思考力も高まるし、理解力もつきます。

苦手なことはカタチから入ろう。

朝は「イチ・イチ」のルールで行動する

私の周囲の成功している人を見渡すと、圧倒的に「朝型人間」が多いようです。

・遅くまで仕事をしても朝は6時に起床し、英会話の勉強をしてから出社する人
・ラッシュ時を避けて早く出社し、皆が出社する頃には仕事の準備が整っている人
・体を鍛えるために毎朝早朝のマラソンを欠かさない人

成功する人は、早朝の時間を有効活用することで、それぞれ成果を上げています。早朝は電話やメールもないから、誰にも邪魔されず自分の時間を確保できる唯一の貴重な時間です。それに朝は心身ともにスッキリしていて、物事もはかどるのです。

一方、夜は、残業やつき合いが入るので自分の予定が立てづらいものです。それだ

けでなく、何よりも仕事の疲れがたまっている時間帯です。眠い目をこすりながら勉強したり無理に体を動かしても、あまりいい成果は望めません。

それならお風呂に入って寝てしまって、その分翌朝早く起きて自由な時間を確保したほうがいいのです。

「朝の1時間は夜の3時間に匹敵する」といわれていますが、実際にやってみると、これほど集中力を発揮できる時間はないと実感するでしょう。

朝をどう活かすか、その習慣だけで、できる人とできない人の差がつくのです。

私の場合は、前述したように「午前2時起き」をして、朝を「イチ・イチ」のルールに従って使っています。

①商談など大切な仕事は朝イチにする

これは、頭の働きがもっともよいときに大切な仕事をするという意味です。

人間は朝起きてから3時間から5時間ほどが、頭の働きが非常に活発であるといわれています。

たとえば、朝6時に起床する人であれば、午前9時から11時の間が、頭の働きが一番いいということになります。ですから、この時間帯に難しい仕事や絶対に成果を出さなければいけない仕事をするようにスケジュールを立てます。

なかでも、新製品の売り込みや取引先との値段交渉といった数字がモノをいう仕事は朝一番に行うといいでしょう。

1日の始まりでやる気もみなぎっている上に頭の働きも活発。始業直後なので自分宛ての電話も少なく、商談の邪魔もされません。元気よく仕事ができて成果も上がる。まさに「ゴールデンタイム」です。

また、基本的には人との打ち合わせは脳の交感神経が活発になる午後に入れるのがおすすめですが、時にはあえて、

「朝9時には出社されますよね。でしたら、その時間にうかがいます」

と、こちらから朝イチに商談を提案してみましょう。

いくつかの理由があるのですが、まず一般に、朝一番から来客の予定を入れる人は少ないのでアポイントが取りやすいからです。それに朝一番ならば、先客がいること

はありません。「先のお客様との打ち合わせが長引いておりまして」と待たされることがないから時間の無駄がないのです。

また、午前9時始業の会社でも、9時に仕事の準備ができて、エンジン全開で仕事ができる状態になっている人はあまりいません。出社して「まずはお茶でも飲んでから」というスタンスの人が多いのです。

そんな相手が油断をしている、仕事モードになっていない朝一番に相手のオフィスに訪問すれば、こちらが優位に商談を進めることができるのです。

待たされてイライラすることもなく、商談の主導権を握ることができる「商談は朝イチ」のルールは効果絶大です。

これらは、私が経営者時代に実践して大変に効果があったものです。

②イヤなことは朝イチに片づける

やりたくない、楽しくない、気分が乗らない。でもやらなければいけない重要な仕事ってありますよね。

会社を経営していた当時の私の場合は、人事に関することがそれにあたりました。

社員を育てるためには、厳しい言葉を投げかけなければいけないときがあります。しかし、人を諭したり注意することが大の苦手。愛情を持って言葉を選び、発言しても、相手を傷つけるのではないかといつも不安になったのです。

何もいわずそのままにしておけば、他の社員の士気が下がります。いうことをためらい先延ばしにすれば、それがいつも頭の中を占領して「早くいわなければいけない、いわなければ状況はますます悪くなる」というイライラが発想力や行動力の邪魔になるのです。

やらなければいけないことを先に延ばしても楽になることなどありません。いいことなど1つもないのです。

ですから、イヤなことは先に手をつける。朝一番にイヤなことを片づけて、あとはゆっくりと楽な仕事をする。これは鉄則です。

朝からイヤなことを成し遂げたら、その達成感からあとの仕事ははかどります。さらに、仕事で起こるストレスや疲れをもその日1日感じなくなります。

朝イチに大切な仕事をする。

イヤなことは朝イチに片づける。

この「イチ・イチ」のルールを決めることで、時間の無駄を省き、常に気分よく仕事ができるようになります。

朝一番を制する人は、時間の主導権を握れる人であり、仕事のできる人。

おわりに◎魔法の呪文「かきくけこ」

最後までおつき合いいただき、ありがとうございました。臼井流タイムマネジメント、いかがでしたか。

本書は、自分の体験談を思い返しながら作成したので、キチッと体系立てられているかどうかあまり自信がないのですが、少なくとも、次のことには自信があります。

きれい事ではなく、実際にやってみて役に立ったことだけを書いた。

たくさんご紹介させていただいた時間活用術の中で、何か1つでも明日から（できれば今日から！）実践していただければ、きっとあなたが自由に使える時間が、ほんの少しでも増えると思います。

そうした時間を元手に、もっと好きなことにチャレンジしたり、もっと充実した人生を送っていただけるとしたら、著者としてこれに勝る幸せはありません。

思い起こせば、私が最初に時間を意識するようになったのは、結婚して3カ月後に、主人が末期ガンを宣告されたときからです。

「君を社長に指名したことが間違いではなかったという確信が持ちたい」

残された時間はわずか。しかも、半年後なのか3年後なのか、それすらもわからない。まさに目に見えない時間との闘いの始まりでした。

主人に喜んでもらいたい。主人の期待に応えたい。その一心で、自分が持っているノウハウ、知識、そして時間を、どうすれば最大限に有効活用できるのかを必死に考えました。これが臼井流タイムマネジメントの出発点です。

その主人もすでに他界してしまいましたが、おかげで今も私は「どうすればもっと効率よくできるか？」「どうすればもっと時間の無駄を省けるか？」と考えるのが、習慣になってしまいました。そして、自分のやりたいことをやって、会いたい人に会う、充実した人生を送っています。

33歳になるまで「優先順位」という言葉もよく理解できていなかった私がここまで変身できたのです。今まで時間貧乏だった方でも、ちょっとした努力次第で必ず時間リッチになれるはずです。

私にとってタイムマネジメントは、明るく楽しく生きていく上で、決して欠かせない本当に大切なノウハウです。これは、主人から私へのプレゼントだったのかもしれません。

私からも読者の皆様にプレゼントがあります。

それは、この言葉を思い出すだけで時間の達人に近づくことができるという魔法の言葉です。

「かきくけこ」。たったのこれだけです。

人は、難しいことや手間のかかることは長続きしませんが、この「かきくけこ」は、唱えて思い出すだけで、誰でも時間の達人になれる呪文です。

本書を読み返す暇がないという方も、せめてこの言葉だけでも覚えていただければ、あなたの時間密度をきっと高めることができるでしょう。

「か」＝簡単

人は、複雑なものや難しいものを上等で質が高いと思いがちです。しかし、難しく考えたために手間をとったり、もう一歩のところであきらめたことはないでしょうか。

かけた時間の分だけ成果が得られるとは限りません。それよりも何事も「簡単に」を意識するだけで、思考が整理され、行動にも無駄がなくなるものです。

「き」＝興味

今やらなければいけないことが2つあり、重要度が同じ程度だとしたら、自分の興味の湧くほうを優先させましょう。

そのほうが時間を節約するだけでなく、やる気が持続し、成果にもつながりやすい。

また行動に弾みがついて、その後の動きもスムーズになるという効果もあります。

「く」＝グレー時間

「グレー時間」とは、仕事をしているでもなく、遊んでいるでもなく、休んでいるでもない、何もしていない時間のことです。

「どうせ失敗するに決まっている」

「あの人に電話するのは、イヤだなあ」

こうして思い悩んで、やらなければいけないことを後回しにしたり、ウンウンと迷っている時間は、まさしく「グレー時間」です。「時間がない」とこぼす人ほど、このグレー時間が多い人なのです。時間を活かすには、まずはグレー時間を減らすことです。

「け」＝決断

私は、決断は15分で下すようにしています。15分以上かかっても決断ができないものは、自分にとっては必要のないものと考えるのです。

企画や物事は、じっくり考えて選ぶという人もいます。どちらがいいかは、その人によって異なります。しかし私の場合、決断を先延ばしにして、いい結果が出たためしがないのです。

「こ」＝行動

期限までに目標を達成するには、有言実行あるのみです。後回しにすればするほど費やす時間は膨大になると覚えておきましょう。

本書は2006年11月にかんき出版から発行した『1週間は金曜日から始めなさい』を文庫化にあたって改題の上、大幅に加筆修正、再構成したものです。

日経ビジネス人文庫

やりたいことを全部《ぜんぶ》やる!
時間術《じかんじゅつ》

2018年10月1日 第1刷発行
2018年12月14日 第5刷

著者
臼井由妃
うすい・ゆき

発行者
金子 豊

発行所
日本経済新聞出版社
東京都千代田区大手町1-3-7 〒100-8066
電話(03)3270-0251(代) https://www.nikkeibook.com/

ブックデザイン
鈴木大輔・江﨑輝海(ソウルデザイン)

印刷・製本
凸版印刷

Printed in Japan ISBN978-4-532-19875-6